家庭舞蹈6

家庭生病了

李维榕 著

华东师范大学出版社

图书在版编目(CIP)数据

家庭舞蹈.6,家庭生病了/李维榕著.—上海:华东师范大学出版社,2018
 (李维榕作品集)
 ISBN 978-7-5675-7558-5

Ⅰ.①家… Ⅱ.①李… Ⅲ.①家庭问题-通俗读物 Ⅳ.①C913.11-49

中国版本图书馆 CIP 数据核字(2018)第 055270 号

家庭舞蹈 6
——家庭生病了

著　　者　李维榕
策划组稿　张俊玲
项目编辑　王国红
审读编辑　陈锦文
责任校对　赵小双
装帧设计　卢晓红

出版发行　华东师范大学出版社
社　　址　上海市中山北路 3663 号　邮编 200062
网　　址　www.ecnupress.com.cn
电　　话　021-60821666　行政传真 021-62572105
客服电话　021-62865537　门市(邮购)电话 021-62869887
地　　址　上海市中山北路 3663 号华东师范大学校内先锋路口
网　　店　http://hdsdcbs.tmall.com

印　刷　者　浙江临安曙光印务有限公司
开　　本　890×1240　32 开
印　　张　3.5
字　　数　77 千字
版　　次　2019 年 2 月第 1 版
印　　次　2020 年 10 月第 2 次
书　　号　ISBN 978-7-5675-7558-5/B·1119
定　　价　28.00 元

出版人　王　焰

(如发现本版图书有印订质量问题,请寄回本社客服中心调换或电话 021-62865537 联系)

总 序

本来并没有打算写书,不知不觉却写了二十年的文章,加起来重重一大叠,不单代表我的工作,也反映了我的人生。

忙着与别人的家庭共舞,原来别人的悲欢离合,也是我的悲欢离合;我与别人,原来难分彼此,同属一个七情六欲生老病死的系统,都在迷茫中找寻自己的归属感。

这二十年来,我也从初期游戏人间的心态,变得心情沉重;又从悲天悯人,回复满怀喜悦。

没有解决不了的问题,只有烦恼人,不断自寻烦恼。

我却是学得越来越任性,高兴时笑,悲伤时哭,生气时骂人。活得痛快,才有闲情细嚼人际关系的丰富,不会错过身边人。

借道浮生,恕我无心细听你的满腔惆怅,只想邀你一同赏玩路上好风光!

初 版 自 序

李维榕

什么是家庭治疗？好端端的一个家为什么要治疗？如何治法？

原来家庭是有生命的体制，与人一样，会病、会痛、会摔跤。有些毛病本来在开始时很轻微，但是如果没有及时处理，又会变成顽疾、变成毒癌，让你痛不欲生。

家庭内的每一个成员，都可以是带菌者，互相感染，让病毒一代一代地传递下去，重复又重复地，让家庭悲剧不断以同样形式上演。

这本书所收集的文字，都是一些最常见的家庭病毒，当然也包括吃喝玩乐、走路睡觉等生活中的小枝节。因为所有家庭，都离不开生活。认识这些病痛的面孔，我们便可以提高警觉，甚至自我诊断，早早把病魔赶走。家庭健康，人人才活得爽快。

目 录

夹在父母中间的女儿/ 1
孩子的身心症/ 4
两性之争/ 7
与你共餐/ 11
没有自己故事的女儿/ 15
当孩子出现问题时/ 19
为教子方程式解码/ 23
与孩子谈话/ 28
隐形男人/ 34
凶爸爸的脆弱小心灵/ 39
寻找理想伴侣/ 44
齐人有一妻一妾/ 48
痴男怨妇与痴心孩子/ 52

肢离体破的女儿/ 56
离婚不是过去的事/ 60
重组家庭/ 64
到西藏去/ 69
可恶的抑郁症/ 73
卡夫卡的境界/ 77
激情的燃烧力/ 82
一堆旧肥皂/ 87
不知老之将至/ 92
家庭舞台上的
　老舞者/ 97
做个开心快乐人/ 102

夹在父母中间的女儿

前一阵子，我忙得六亲不认，本来已决定了完全不接新的个案。但是这对夫妇还是出现在面前，带着一个胖嘟嘟的女儿，看来已经三四十岁了，只是一举一动，说什么、不说什么，都仍需由母亲在旁指点。这情境我十分熟悉，在不同文化的母女互动中，我都见过无数次，英美早期的文艺及舞台剧作，也有不同版本。

有趣的是，这对父母的最大担忧，就是女儿没有独立的能力。明眼人都看得出，如此备受保护的孩子，如何有照顾自己的能力！

但是你怎样对如此忧心的父母说，你们女儿的问题，其实与你们息息相关？就是说了，这些话也不会带来任何好处，一样于事无补；况且，事情的前因后果也必然不是眼见的这般简单。

这家庭是我的一位小学同学转介的，老远从英国飞来香港，这也是我不能推搪的原因。我心想，这是一个留学家庭，谈吐得体、经验丰富，怎会养出如此不争气的女儿？女儿有精神病，是他们找不到合理解释的唯一解释：由于家族中的叔辈也有同样的病例，因此，他们便把女儿的一切问题都纳入遗传因素。

父母这种态度，其实也很正常：一般家庭都习惯地把问题放在个人身上，很少人知道这世上其实绝少有个人的问题，所有问题都与人有关。家庭既然对我们那般重要，那么，我们的问题也不可能与家庭无关，只是我们不一定知道关联在哪里。

因此，要了解个人行为，就要了解家庭状况。我看这女儿，说起话来其实十分有见解，中、英语也很流利，只是与父母谈话时，却像个六岁的小女孩，全无自信，要么就对父母的数落大发脾气，要么就任随他们说，自己则游魂去了。虽然她表示自己漠不关心，但每次母亲说到泪下，她的眼睛也会挂着泪水；每次父亲在母亲面前因理亏而变得沉默，她也忍不住为他抗议。

这家庭原来还有两名子女，都已成家，分别住在不同国家。只有这个小女儿忠心耿耿地一直伴在两老身旁。表面上她是过于依赖，骨子里却同时满足了父母精神寄托的需要。

后来我见到这家庭的长女才知道，原来父母之间存有太多解决不了的矛盾；母亲的急进、父亲的消极抗议，不断地为整个家庭塑造危机感。她说，好在自己自小跟祖母长大，家庭气氛对她的影响不如其他同胞大，但并不等于没有影响。在会谈中，当她鼓起勇气第一次向父母说出心声：自己多年藏在心底的痛，眼看母亲步向祖母婚姻失败的后尘，自己也可能重复上两代的悲剧……突然，她发现，原来妹妹是她们同胞中的牺牲者，因为她的留下，才让其他人走得开。

母亲说，自己本来是很乐天的少女，对婚姻及家庭充满憧憬，只是一次又一次丈夫的不忠、长久的不能配合，让她心中积聚着无法解开的苦涩。她的面孔是那样的悲哀，几乎让我想用手轻轻地为她抹平脸上积聚已久的涩纹。

她的丈夫其实并非缺乏关爱别人的能力，但长期无法接近妻子，只好用全部心血去宠爱女儿,怪不得父女间存着一股联盟的意识,结果当然是让妻子更加不满。

一段长期缺乏满足感的婚姻,是如此严重地困扰着家中每一个成员。现在丈夫患了心脏病,再也不能在外面鬼混,只能乖乖地顺从妻子,但是并不等于两人可以心平气和地执子之手、与子偕老。其他孩子都离家了,只有小女儿,仍然像个小孩一般在中间把他们的手拴在一起。

从家庭关系看个人行为,你会发觉一个人的问题,往往会牵动整个家庭的脉搏。而家庭治疗,只不过是一种针灸作用,在主要穴道下针,让血脉流通。

明白了这个道理,这夫妇决定让小女儿留在香港,跟随姐姐生活。只是,长期生活在父母的铁三角中,小女儿怎样适应成年人的独立生活,又是另一番挣扎。但起码证实了她并非患有精神病,只是需要长大。

临别,母亲说:"我把一切精力放在花园上,人人都赞赏我的花园修葺得十全十美。"怪不得有人说,每个打扫得一尘不染的房子后面,都有一个无所寄托的主妇。

我笑她说:"你知道吗?近代女性,包括我自己在内,往往也是拿着一把大剪刀,追着身旁的人修葺他们。"

我们都笑了。

笑,是最好的心理治疗。苦涩,却是人际关系的大忌。

我说的其实不只是一个家庭,而是近代中国家庭的一种类型。可能是你的家,也可能是我的家,它并非不正常,只是在不同阶段及不同层次上,受了伤、生了病,不得不用药,甚至要开刀,才能够让这个体制中的每个人都活得好。

孩子的身心症

怎样才知家庭是否生病了？答案很简单,当家庭生病时,病症往往会出现在孩子身上。孩子是一面镜子,反映着家中百态；也是一块海绵,吸收着家中一切的喜怒哀乐！

很多研究发现,孩子如果长期生活在父母的矛盾中,将会严重地影响着他们的个性发展、学习能力,产生各种身心症或过度活跃等行为问题。长大后甚至会增加患癌症和心脏病的可能。

不同的矛盾形式又会产生不同的孩子问题：互相攻击的夫妇,对女孩将造成抑郁和内向,男孩则变得愤怒及自责。不停的口角和冷战,又会造成孩子的情绪郁结,严重地影响着他们的思考及适应能力。

有人认为,所有孩子的身心症,都与父母间那解不开的情结有关。

我自己的一项研究,就是让父母谈论一些无法达成共识的问题,同时量度孩子当时的生理反应,然后比较父母对话时究竟有哪一些话题及互动形式,会让孩子产生最大的焦虑。

量度的生理反应包括心跳率、手汗、皮肤收缩及血液循环,因为这几种生理状态都反映孩子面对父母争吵过程中的紧张程度。当我们把这些用电脑一分一秒记录下来的量表,与父母交谈的内容作详细比较时,发觉了一些十分有趣的现象。

例如,当父母交谈出现分歧时,大多以孩子的问题为开始,但是他们或迟或早,就会把矛头指向对方。下例是一个典型对话:

女:"孩子完全不听教,功课总要不断地催促,这样下去怎得了?"

男:"都是你太苛求,事事都要以你为主,不要太过紧张就不会有问题!"

女:"又是我的错!跟你讨论有什么用?所以我其实并不想跟你谈下去,太无趣了。"

孩子的反应也很有趣,当父母指出他们的行为问题时,他们大都没有太大反应,反而是当父母互相指责时,他们的生理反应就会有大幅度的升高;可见孩子的心结其实并非在自身,他们最大的不安,是当父母亲关系出现危机的时候。

最重要的是,父母亲的争吵并不用十分激烈,要吵又吵不成的斗嘴,甚至无言的僵局,才是孩子最大的克星。

我们研究的对象,年龄由六岁至十四岁,发觉年纪愈小的孩子,他们的反应愈为敏锐。也许是因为年少的儿童,大都十分关注父母亲的关系是否调和。尤其母亲的焦虑与孩子的不安全感,是息息相关的。

较大的孩子或少年,反应好像没有那么直接,甚至否认对父母情感问题的关注;但奇怪的是,虽然他们口说不关心,我们却是一样能够量度到他们的反应。

有一个十四岁的女孩,对父母的矛盾表示漠不关心,当我们向她出示她那高低分明的生理反应量表时,她十分惊讶,说:"武侠小说的小龙女曾经说过,一切不愉快的事都可以压抑下去,其实那是行不通的!"原来她口说没关系,但身体却发出相反的讯息。

而不管年龄大小,这些孩子都是父母亲的观察者,年纪较小的,大都眼睛离不开父母;较大的孩子,好像不看父母,但是双亲的一举一动,尤其母亲的悲哀,他们却明显地完全吸收。很多时候,当母亲流下泪时,即使背对着她,孩子仍不知不觉地眼角挂着泪珠。

由于孩子与母亲关系密切,每当父亲批评母亲的时候,也是他们最有反应的时候,很多男人不懂这个道理,总是埋怨妻子过分溺爱孩子;其实他们每一句数落妻子的话,都会让孩子愤愤不平。有一位父亲,儿子一生下来就让奶奶抱走,孩子的母亲悲伤不已。当父亲发觉情势不对劲时,孩子已经两岁,他决定与自己的母亲反目,把孩子强抢回来。有一整年的时间,孩子天天吵着要回奶奶家,甚至赤脚走到楼下,哭着要奶奶。孩子现在十二岁了,与母亲也是难分难舍,父亲老是叫妻子放手,别宠坏孩子。他自问也十分关怀儿子,儿子却对他怒目相视。他不解,自己究竟哪里做错了?

试想想,儿子小时候,父亲把他从奶奶处强抢回来,长大了又逼他脱离母亲,两次要他放弃他最熟悉的怀抱,哪有不怪父亲的可能?

这孩子不单只受父母的分歧影响,还承受着两代那剪不断理还乱的纠缠,怪不得他很少发言,只用一双乌溜的眼睛默默地观察着大人们的一举一动。但是当父母谈起家族中抢子的紧张过程,以及母亲诉说儿子一生下来就被抱走的悲哀时,他的生理反应却是上下起伏。

身体是个奇怪的工具,心中表达不出来的感受,往往会由身体表达出来,所谓身心症,就是这个道理。

以为孩子不懂事的想法,可真是太无知了。

两性之争

偶然在电影中看到这样一段对话。女主角对丈夫说：

"我要你心中只有我、宠我、爱我，我开心时陪我开心，我不开心时逗我开心，永远觉得我是最美、最好、最可爱……一生一世只有我！"

这是一个很有趣的要求，问题是男主角能否如此承诺，即使承诺了，又能否真的实行？

我好奇地问我的一位男同事，如果他也有机会对妻子要求承诺，他的要求是什么？他随口说道："要听话、要温柔、要让我觉得自己是最棒的，我需要时安慰我，我不需要时不要缠着我，让我有足够的空间发展个人嗜好，包括与别的女人鬼混，鬼混完了回家时又绝对不许一哭二骂三上吊，一生一世放纵我……。"

如果上述两段表达真的可以代表现代两性心中的愿望，也许你会了解为何近代家庭会出现那么多的痴男怨女。

原来男女心中的理想伴侣，是那样地不相同。所谓阴阳相配，有很大成分是梦中情人。爱情主义的熏陶，的确让很多近代妇女尝尽苦头，让我们无法接受人间烟火。我见过很多不能被丈夫满足的妻子，结果都是让儿女填补她们精神上的空虚。

下面是一个典型的例子：一个患了厌食症的少女，无论她爸爸说些什么话，都让她恶言相向。开始时我不明白所以，我看她爸爸对她好像是挺不错的，问起她来，她说："不知道为什么，我总是觉得我妈妈是对的，即使她百般无理，我也会帮她；反而对老爸，我必定会与他坚持到底。"

后来，她终于给我一个真正的理由："因为爸爸不能在人前保护妈妈，我也绝对不能接受他！"

仔细一看，少女的妈妈与她一样说话利落，母女间对答如流，甚有默契。反而是那不善言语的男人，坐在一旁，双手抱胸，完全搭不上话。

母亲终于明白，自己与丈夫一向格格不入，她是快速爽朗的千里马，他却是寸步难行的老牛车。她说：我们夫妻交谈不来时，我就叫女儿赶快来做帮手，靠女儿借力，才推动他一把。没想到因为这样，结果把女儿夹在上一代的矛盾中，最糟的是女儿因为长久地在父母之间周旋，眼睛只瞪着父母看，而对外面的世界没法产生兴趣，无法投入年轻人的生活。

临床例子中有很多个案，大都是家中有一对不合拍的父母，说他们是水火不容吗？那又不是，只是夫妇间一团死水，擦不出火花。本来这也就算了，毕竟婚姻是个人的选择，偏偏是他们的儿女，从小就扮演着那拼命地把他们拉拢起来的角色，至长大也无法放得下，尤其是那在婚姻上找不到慰藉的妻子，儿女很容易便成了她最好的伴。而忠心耿耿的孩子，很多时候无法在这种纠缠不清的关系中抽身，结果是造成了很多孩子的身心症状。

妇女在新时代好像是解放了、自由了，但是反而更为迷失，再也不知道自己想要什么。就像前面提到的那对夫妇，丈夫在辅导过程中突然醒悟过来,觉得不能继续过着如此窝囊的生活,变得积极而进取。有趣的是,当他决定找妻子做伴时,妻子却三推四让,宁愿把时间花在打扫房子上,也拒绝丈夫邀请外出的要求。

究竟两性之间出了什么问题,让我们那样难以水乳交融?也许我们追求的只是一个幻影,不是眼前生活的人。也许男人实在不是我们最好的伴,不似收拾房子来得满足。

两情相悦,真的不是一项简单的工程。

近代社会的一个有趣现象,是妇女愈来愈进取,愈来愈能干。相反地,男士们很多都是在照顾有加的母亲手中长大——被宠惯了,对人际关系的处理,大都缺乏动力。很多男士都承认难以应付妻子或家人对自己的要求,甚至觉得失掉个人空间。加上男人的语言能力一般都不如女人,沉默是他们最有效的武器。

但是这并不等于近代男性不够浪漫,只是他们的表达方式不一定让妻子觉得满意而已。妻子希望丈夫送花,为她开车门、拉椅子,说几句赞美的话,做这些事情其实不难,偏偏很多中国男人都取难舍易,他们就是不肯或不屑于做这样简单的事让妻子开心。同样地,女性一方面希望自己可以小鸟依人,却忘记了我们使起劲来,会让生人勿近。

最近听一位老学者谈婚姻之道,他说:"中国男人一定要学会厚脸皮,让太太觉得你是最能欣赏她的人,说几句好话,送一份小礼物,就有延年益寿的作用,何乐而不为?"

他又说:"中国女人也一定要学习,无论你的丈夫有多不济,你对他的赏识也会让他有劲起来。相反地,你的埋怨能让他本来有劲也会变得不济。"

"更重要的是,除非你真的打算离婚,否则绝对不要把这名词挂在嘴边。"

也许这位老先生真的明白男女内心的需求,简简单单的几句话,就可以为两性建立一座有效的桥梁。

与 你 共 餐

这男士让人很容易产生好感,他温文尔雅,对两个女儿体贴入微。女儿一个十二岁,一个十五岁,两人都先后患上厌食症。

他说:"我们见过很多专家,都找不到答案。因此我想,会不会是家庭出了问题?"

一般父母碰上儿女出了岔子,都会认为儿女本身有问题,很少有人从家庭着手。我抓着时机,赶忙问他说:你从何产生这样的想法?

他说:"我们一家四口,很少与外人接触,也许是太封闭了。"

我心里想,这位父亲真有见地,难怪他身旁的妻子总是微笑不语。

我对家庭的研究,开始时的确集中在女性在家庭体系的角色发展,总是希望提升妇女的觉醒和突破。渐渐地,就发觉阴不离阳,阳不离阴的道理。家庭内,其实没有绝对的强者或弱者,只有不断的平衡和调整。因此,我对男性的角色也愈来愈产生兴趣。

而家庭治疗师有时更像人类学者,走入别人的家庭国度:一方面要尊尊敬敬地尽客人的礼仪,一方面又要投入家人的经历,静心观察。这个过程往往不能单靠语言传递,幸好我的老师 Minuchin 在处理厌食症时,创造了与家人一起进餐的场面(luncheon session),让我们对这个打在食物上的战场,有实际的参与。

这家人很快就接受了我的邀请,大盘小盘地带来了一桌家常食用的菜式。

美食当前,我察觉父亲夹起一块牛肉,小心翼翼地切成手掌形状,先用一块剪成手掌大小的纸样板比较,然后又用牙签插入量度它的厚度,左量右度,简直像创作一件雕刻艺术。

我早前听过妻子埋怨丈夫有个很奇怪的切肉方式,但是不到亲历其境,无法想象其中妙处。我问他为什么要如此准确?他说如果不是这样,女儿就不肯进食。

他指的是小女儿。大女儿其实已经慢慢痊愈,尽量不让自己过分参与家人的活动。小女儿却对父母亲的一举一动十分投入,眼睛老是盯着看父亲怎样为她切肉。

他们说,这块肉的分量是根据营养师吩咐而定的。

我说我仍不明白,为什么小女儿不能自己准备分量?

父亲的答案仍然是:"她自己是不肯进食的。"

最有趣的是,父亲一方面完全不相信小女儿有自己切肉的能力,另一方面当他把肉块递给女儿时,那种鞠躬尽瘁死而后已的服务精神,又把女儿放在权威无上的法官位置,完全由她发落。

小女儿拿着盛肉的盘子,东看看、西看看,然后像老师审核了一份不合格的功课,退回给那恭敬从命的父亲,叫他再度量清楚。

这父女的互动是他们每天饭桌的一景,家人都见怪不怪,有时要让一个陌生人的好奇,才能为这习以为常的现象提出新疑问。谈起这个情况,连那小女儿都忍不住笑起来,她说:"爸爸把我当作幼儿园的小孩。"

当然这也不全是父亲的问题,总有一个愿打,一个愿挨。

我见过这家庭三次,这是第一次母亲真正有感而发地说出心里话。

她说:"我一直以来,都觉得我的先生很喜欢做爸爸。我产下大女儿时,曾经患有产后抑郁症,那时由他照顾大女儿,但是自此便好像女儿没有我的份;生了二女儿,他仍不让我参与。印象最深刻的一次,是他把我锁在门外,自己在房内教育两个女儿。……让我觉得在家中完全没有自己的角色。"

母亲说到伤心处,眼睛含着泪光,小女儿立即也紧张起来,开始下泪。我记起上次会面时,她提起过看见母亲把结婚照全部剪碎,让她十分焦急。

奇怪的是,那如此爱家的父亲,不知何故,对于女儿的要求全无挡驾之力,对于妻子的悲哀与落寞,却好像无动于衷。不单如此,他对于我们这次共餐的谈话及观察也好像全无印象。他全部的专注都是集中在那一块牛肉上面,其沉迷程度,比小女儿的厌食行为有过之而无不及。

最后,被身旁几个女士逼得紧了,才望着我们,一面无奈地说:"你们说什么?我都记不得了。"

妻子对我说:"你看,他是听不到别人的话的,所以我都不再白费工夫。"我这才明白她一直以来的苦笑。

我们真的白费工夫吗?又好像不尽然。因为他不时也会作出一些极有见地的回应。但问他,我们说了什么话?他又好像一片茫然。

也许男性的思维与谈话方式,真的与女性不同,所以也不能用女性的角度去看他们。尤其中国男士对表达方式有一定的执著,偏偏近代中国女性又对西方那浪漫式的沟通特别向往,往往造就了男女之间的一种冤家路窄。

其实想想看,能够如此为女儿一分不差地雕琢一块肉的男人,怎会是个不解风情的丈夫？问题是，有人说女儿是前世的情人，妻子却是前世来讨债的，是否可以移花接木，把债主变回情人，让他放下女儿，为妻子切肉？

这里面，当然又是另一番文章。

没有自己故事的女儿

这个年纪只有十五岁的女孩,长得十分可爱,大眼睛、小嘴巴,轮廓分明,只是说起话来咄咄逼人、舌剑唇枪,让人难以招架。

我与她的家庭已经见过数次面,无论我们怎样与她的父母交谈,她都像个辩护律师,处处阻拦。这里的我们,是指我与曾医师二人。这女孩与她的妹妹,都是曾医师的病人,同是患上厌食症,是曾医师请我与她一同会见这一家人的。

曾医师说:"每次复诊,都像应付一次医学考试,我说的每一句话,她都必然要我解释清楚,完全没有含糊之处,好不吃力。"

我看她不但对专业人士如此,对父母也绝不放松,尤其是对父亲,连我们成人间的谈话,她也在旁一一指点,像个总编辑,不断地把我们谈话的内容画圈画点、或删或除,那是一个甚有原则的女孩子。

第一次见她时,我就觉得这孩子难缠,要不理她吗?她又不停地引你入瓮,要理她吗?她又像个老僧谈禅,让你摸不着头脑。

相比之下,比她年幼两年的妹妹,情感就直接得多,虽然不大说话,但是哭笑分明,她最担心的只是父母婚姻会分裂而已。

乍看这一对夫妇,好像情感不差,丈夫看来很会维护太太,甚至为了妻子不满自己的母亲,而与原生家庭疏远。妻子也说他是好丈夫、好父亲。在工作单位有"玻璃鞋"之称,因为他一下班就要回家守着家人。

但是话里话外,总是让人觉得他们的关系也是扑朔迷离。

很多人以为家庭治疗是向人提供治家之法。其实,家庭治疗更重要的是走入它的心脏地带,了解每个家庭的脉搏。因此,我们必须在这迷宫中探索。

有趣的是,如果从家庭角度去看个人行为,孩子只是一面镜子,反映着父母的一举一动。眼前这面镜子,反映的究竟是什么?

我很快就察觉,母亲也有很多微妙之处,只是不像大女儿般夸张。因为不夸张,所以不容易察觉出来。例如,她埋怨丈夫不了解她的真正需要,但是怎样也说不出实例,反而打圆场收尾说:他已经很有进步了。

那么,他们一定活得开心了吧!她欲言又止,连那被家人形容为不善表达的丈夫,都急得不断向妻子提供例子,希望为她解忧。

这女士曾多次表白,她来自破碎家庭,饱受寄人篱下的欺凌,长大了也很难信任别人,觉得做人总是要孤独的。说的是过去的伤痕,怨的却分明是眼前人。

每次她说这些负气的话,丈夫就很焦急。独是大女儿,一脸不在乎,只说:他们一直都是这样子,与我无关。她甚至多次叫母亲说话时不要望着她,以示界限分明。奇怪的是,母亲对父亲的不满,她却好像了若指掌,这是她唯一交代得清楚的话题。

她说:"爸爸说话是很难让人明白的,而且他总是听不懂别人的话。"

辗转观察,我和曾医师才体验到这女孩是她父母结合的一个翻版:她在表达自己的情绪时,与父亲一样腼腆,但是当她觉得自己的内心不被了解时,又会像母亲一般不可理喻。

我笑她说:"你父母有那么多的优点,怎么你偏偏只吸取了他们最纠缠不清的地方?"

当然,这又惹来大女儿一番反驳。

其实我也不完全是开她玩笑,说真的,父母亲的情结往往是以各种方法传到下一代身上。

她却斩钉截铁地说:"我不在乎父母亲的关系,我只担心我与妹妹的关系,我不想她什么都要与我作比较。"

我说:"那也很正常呀!妹妹总是向姐姐看齐的,有什么问题?"

她说:"但是我不知道她心中到底想些什么?"

我腾出妹妹身旁我正坐着的椅子,坐到她邻座去,说:"那你就坐到妹妹身旁,直接问她在想些什么吧!"

她说:"那不行,这样不舒服,面对面才好说话。"

我于是又坐回原位,对她说:"好吧!不用换位,你想问妹妹什么?"

她说:"我并不想问她什么……"

如此这般的一番纠缠,我向那一直留心着我与大女儿对话的母亲说:"你看,无论我怎样依她,她都不会满意的,你猜,这般难缠的行为,是从哪里来的?"

母亲恍然大悟地反问:"从我那儿来的吗?"

父亲这才指出,他一直逃避妻子的情绪波动,就是怕她那难以理喻的激情,而愈与她理喻,她就愈觉得不被爱护,夫妻二人本来可以活得写意,却偏偏是彼此煎熬。最恼人的是,这股张力竟然潜移默化地成为女儿的"个性"。

临别,大女儿仍然认为我们看到的只是片面。既然如此,我提议她把自己的故事写下来,就不必让别人误解,她却说:"我不写,没有可写之处。"

我说:"那就让我把你的故事写下来吧。"她不置可否。

我们每次与家人面谈后,都会邀请他们写下对这次面谈的回馈。

母亲的回馈是:我想不到原来自己对丈夫是那般的无理取闹,真是需要好好反省呀。

出乎意料地,大女儿竟然在回馈表上写着,你答应写我的故事,不可以食言喔。

只是,我其实并没有大女儿的故事,因为在她身上,我只看到她家庭的故事。

我很喜欢这一家人,但是我更希望这个十五岁的少女,会找到属于自己的创意空间,编织她自己的丰富人生。

当孩子出现问题时

这次到台北讲课,给我印象最深的是一对当地夫妇,并非他们有什么特别的地方,反而是因为他们并不突出,却是代表着一种夫妇的典型。

他们年龄不大,有两个儿子,一个十三岁,一个十四岁。兄弟二人都长得十分机灵,说起话来,眼睛溜来溜去,对家中的事全部都报告得有板有眼,独是谈起学校,立即变得无精打采。

明显地,上课不是他们觉得有趣的话题。

这家庭见我的原因,就是小儿子拒绝上学!

据专家诊断,他患上惧学症。

母亲却说:"他的学校建在坟场遗址,一定是与儿子的磁场相抵触,要不然,怎么会八条大汉都没法在儿子发凶时把他制服!"

我问父亲:"你可同意妻子的看法?"

父亲说:"我不同意,儿子并没有撞邪,问题出在母亲对他过于关注。"

父母对子女有不同意见,其实不是坏事,因为只有如此,夫妇才可以互补,不必一同走入死胡同。

夫妻矛盾典型之一,就是:即使丈夫把问题看得准,却偏偏是过不了太太的一关。因为那些老是在埋怨妻子过于宠爱孩子的丈夫,实在没法明白一个天经地义的道理,那就是:你愈指责母亲纵子,她就愈会捧着儿子不放。

这种情况见得多了,我的回应也是十分典型,我会对男人说:"你对问题的观察十分准确,只是如果你想妻子放下孩子,就得设法把她争取过来,与你同一阵线。"

夫妻矛盾典型之二:很多夫妇都说,他们对彼此并无要求,只想全心把孩子带好。

这对夫妻也不例外,他们只求教子良方,并不打算互揭长短。问题是,亲子并非只是两人的关系,而是三人或三人以上的互动。

过分亲子的母亲,很多都是缺乏一个体贴入微的丈夫。久而久之,学会了与子(尤其儿子)为伴,孩子也习惯了投入母亲的情怀,对母亲的心事,比她的丈夫更为不言而喻。

因此,看母子的问题,就必须从夫妻的情结开始。尤其这妻子,为什么对丈夫的见解,完全不能接纳?

为了证实自己的观察正确,丈夫举出例子。他说:"太太回娘家的日子,两个孩子完全没有出现行为问题,十分听教。问题是太太对孩子看管得太紧,让他们完全没有自己的空间。"

丈夫的话并非没理,只是他说话的方式充满指责,让妻子很难下咽。她把脸别了过去,不再回应。

当然,夫妻的矛盾并非只基于一个小节。他们结婚十多年,每次尝试处理彼此的分歧,都是以吵架收场。为了避免冲突,他们渐渐地变得各自为政。孩子出生之后,更是强化了他们的背道而驰。

很快地,父亲与大儿子成一个阵线,母亲与小儿子更是难分难舍。

日本很多针对青年人拒绝上学的研究,也发现类似的家庭形式。孩子的眼睛只向母亲,对外面的世界当然难以产生兴趣。

有趣的是,这对夫妇的矛盾,都是一些小问题,只是日积月累,加上生活上的压力,慢慢地,两个人再也擦不出火花来。

他们一般都会把问题归咎于"个性不合"。

这母亲是个急性子,给人一种老是追赶的感觉,父亲却是慢条斯理,夫妻跳的是完全不同节拍的舞蹈。

怪不得,当丈夫刻意地向公司请半天假约会妻子时,她竟邀请了全家大小一起同行。

丈夫不解其因,其实原因很简单,明显地,妻子宁愿与家人一起,也不想单独与他相处。

我第二次见这家庭时,妻子开门见山说,她这次不想谈孩子,却希望改善夫妻关系。其实,谈孩子,反映的也是夫妻关系。

当然,她愿意直接走入问题的根源,我自然立即奉陪。

她告诉我说:"自从上次会谈后,发觉自己实在过于疏忽了丈夫,于是,第二天便提早下班,回家约丈夫骑摩托车兜风。"

没想到丈夫躺在沙发上看电视,只想打瞌睡,并无外出的打算。以往遇上这种场面,她必然会气不可挡,但是这次她忍住了气,千方百计地把男人拖出家门,与她一同坐摩托车驰骋。

她甜甜地说:"我坐在车后把面孔贴在他的后背,紧紧抱着丈夫的腰,那是一种很好的感觉,让我觉得十分安全。"

没想到丈夫却说:"别把我抱得太紧,让我不能喘气。"

妻子回答:"是你的腰太粗,其实你早就应该好好去减肥……。"

一个本来十分温馨的机会,立即又变成另一个战场。

这也是一个典型的夫妇问题。也许是积怨太深,也许是太习惯于以自己的观点看对方,像两个不能合作的公司主管,总是难以达到一致的方针,白白失掉了很多夫妇共处的好时光。

　　我的眼光也不由自主地落在男人的肚皮上,发觉他真的腰肚不分,只好叹一口气对他说:"你知道吗?每个女人都需要一个大肚皮紧紧抱着,如果你不给她你的肚皮,她就会抱着儿子的肚皮不放。"

　　虽然是说笑,其中也包含一个重要的道理。

为教子方程式解码

这男孩只有九岁,长得眉目清秀,眼睛溜来溜去,但是母亲把他介绍给我时,他理也不理地,转身便跑掉。

母亲说:"快来叫声李老师。"

他人已走到房子的另一角,老远地叫道:"你老死!"

母亲说:"不得无礼,快过来。"

男孩在远处的椅子上坐下。说:"我就坐在这里。"

母亲:"你乖,先过来,等下我陪你去买礼物。"

男孩:"现在就去,我不喜欢来这里,闷死人了。"

母亲与男孩周旋了大半天,十分耐心地向他解释,仍然无法让男孩就范。最后,她生气了,走过去把男孩揪起,用力把他拉过来。男孩大叫大跳,挣脱了母亲的掣肘;母亲也不让步,母子二人就这样你追我逐地纠缠不清起来。

纠缠不清,是个十分有视觉性的形容词,用来描绘两人或两人以上的家庭关系,尤其叫绝。家庭治疗虽然源自于美国,但是英文里,我就找不到比这个更贴切的词。

纠缠不清,同时寓意着这不是一个人的问题。一个人是很难与自己纠缠起来的,必须起码多一双手、一对脚,才会阴差阳错,彼此卡着。

像这个小男孩,人人都说他过度活跃。幼时是个哭哭啼啼的婴儿,长大了是个吵吵嚷嚷的男孩,谁也别想在他身上获得安宁。七岁便开始见精神科医生。

但是如果留心他的一举一动,就不难发觉那完全是久经训练而培养出来专门针对母亲而设的精密行为。他的每个反应都与母亲的行动扣得一丝不乱,此起彼落。

一连串的互动、一连串的追逐,结果是母亲的一连串惨败。

父亲就坐在一旁,一动也不动,眼睛只往前看。我问他说:"你认为你妻子这方法可以管得了孩子吗?"

他冷冷地说:"她棒,让她管去。"

声音被儿子的叫嚷淹没,但是我仍听得出那隐藏着的一丝恨意。

由孩子的不受管教到母亲的锲而不舍,再转移到丈夫对妻子的冷眼旁观;由一个人的行为,引至两人的互动,再伸展至三人的僵局,这是管教孩子最常见到的一种家庭形式。我见过很多被列入失控的儿童,就是这样莫名其妙地成为精神病患者,只有靠药物来维持。

记得若干年前随着老师 Minuchin 到纽约北面一家儿童医院访问,见到一个九岁的男孩,Minuchin 问他说:"你为什么住院?"

那男孩答道:"因为我妈管不了我。"

Minuchin 好奇地再问:"那为什么是你住院,而不是你妈住院?"

那当然是一个奇怪的问题。究竟谁人要住院,或者是换一个问法,究竟谁人更需要协助?

孩子向母亲撒野,其实是最正常的行为,关键在母亲的定力。我想起自己很小的时候,有一次与母亲出门,在玩具店看上一个上链后会爬行的娃娃,闹着要买。

但是母亲就是不肯依我,我哭着不肯走,也是大叫大跳,拉着母亲纠缠;母亲却不理我,大步向前走。我到现在还记得当时的失望、愤怒,及不见了母亲的惶恐,千方百计去反抗这个不能接受的事实。最后,却还是无可奈何乖乖地追上那其实躲在远处等着我的母亲。

也许,孩子成长的第一课,就是学会无论你闹得多凶,大人自有应付良法。

而很多失控的孩子,学到的课程却是刚刚相反,他们知道只要闹得够凶够持久,母亲就必会投降。

其实,当孩子不讲理时,很多母亲都知道要走开一旁,不予理会。偏偏有些过于用心良苦的母亲,在孩子不讲理时,坚持与孩子讲理,认为这是亲子之道,要孩子心甘情愿地服从。这些触礁的母亲,大都过于重视孩子,全部心意放在孩子身上,孩子一举一动离不开她们的眼,孩子也自然地将全部专注放在母亲的一举一动上。纠缠不清,反映的也就是二人过于接近,缺乏彼此应有的空间:只有对方,而自我意识不足。

其实很多父亲都明白这个道理,只是他们冷眼旁观,懒得参与。又或者他们曾经参与,但是他们的办法并不为妻子接受。更糟的是,他们有时实在看不过眼,忍不住向孩子动粗,被妻子与孩子都认作恶人,从此不得翻身,落得空有虚名,其实一点杀伤力也没有。就像前面提及的那位丈夫,妻子一方面希望他帮助自己处理孩子问题,另一方面又宁愿他别插手,怕他把事情弄得更糟。

结果是母子愈更黏缠,父亲就愈更处于局外,成为门外客,无计可施。这些问题,大都反映着夫妇之间存在的矛盾。

来到上海,见到的也是一个被判为过度活跃的十岁男孩,他不断地与父亲作对,虽然吃了多种药物,仍是精力充沛。他说自己锻炼出金睛火眼,就是用来监视父亲行动的。

父亲努力拉拢儿子,认为儿子对自己的敌意,全是受母亲的影响。后来才知道,妻子在怀孕时,发觉丈夫对自己不忠,她对丈夫的怨恨,一藏就是十年:十年来,她都是与儿子同床,与儿子谈心。她其实并没有在儿子面前埋怨过自己的丈夫,只是她内心的不安及焦虑,儿子都接收过来,成为他那不停的活跃,以及自然而然地对父亲的种种攻击。

我对男人说:"你要接近儿子,就必须要设法排解你与妻子之间的结,否则,无论你怎样努力,孩子都不会接受你。"

那男人才恍然大悟说:"我一直以为这只是我与孩子之间的误会,因此千方百计去亲近他,原来这是三个人的关系!"

很多父亲不知道,儿子是母亲的忠实卫士,丈夫如果保护不了妻子,就别想儿子会让你的日子过得安宁。

孩子的最大心愿,就是父母亲的关系良好,他们会特意把父母的手牵在一起。如果长期活在父母的矛盾中,他们就会因为发挥不了孩子天生对家庭的保护作用,而产生各种基于长期处于铁三角状态的种种问题。失控或过度活跃,只是其中常见的几种而已。

可悲的是,这些儿童往往被当作精神病患者处理,其实他们只是反映家庭生病了的一面镜子。

要挽救孩子,就得让爱孩子的父母了解:他们必须站到同一阵线,让孩子返回自己的实际年龄,做孩子应做的事。否则像那个完全不听母亲管教的男孩,因为长年与母亲作伴,熟知母亲的心事,误以为自己与母亲是平辈,当然就不会接受母亲的管束。加上母亲在他最不讲理时仍然处处讲理,只会让孩子更是失控。

在这种情况下,父亲那保持距离、不多言语的处理办法往往更为有用。可惜不和睦的夫妻总是低估对方的效能,结果只会挫对方的锐气,反而让孩子坐大。

上述这些例子都是集中在男孩,其实女孩也有失控的情况,而且因为口舌比男孩伶俐,有时更是舌剑唇枪,让人更难招架。只是行为问题仍是男孩居多,女孩反而更多是情绪向内而发展成身心症。

有很多过分活跃症,都是孩子对父母矛盾的反应,这股矛盾不一定是高温度的,隐性的矛盾有时更具杀伤力。要知道孩子的行为是否属于上述一类,做一个简单的家庭评估就可以明白。只可惜业界有很多测量儿童各种状态的工具,就是缺乏有分量的家庭评估,让我们了解孩子与父母在关系上的牵连。有人甚至会认为这种观念是否怪罪父母,把问题转移到他们身上?

其实,明智的父母都想知道,孩子的心结究竟结在哪里?知道的话总比莫名其妙为好,如果孩子的问题真的是反映了自己的婚姻,那么起码我们知道自己有个忠心耿耿的孩子,而不是一个行为失控的年幼精神病人。这种了解对孩子是一件好事,因为不必只靠药物解决问题,同时让夫妇也可以趁机为自己的婚姻打气。

但愿天下所有焦虑的父母,都找到一个新的空间和角度,一个以夫妻为本的教子方程式。

与孩子谈话

我很喜欢与孩子谈话,那完全是另一种境界,让你不由自主地回复童真,返老还童。

因此,当北京一份杂志请我主持一个儿童信箱,我不加思考地就答应了。

但是,很快就发觉那是一个极大的挑战,因为孩子提出的问题,大都只有一两句,我却要长篇大论,十分违反对话的原则。

大人与孩子谈话,一不留神,就会像老师对小学生训话。我却认为,你可以与孩子谈天说地、玩耍嬉戏、不着边际,甚至向他们恶作剧,与他们抬杠、嬉笑怒骂,但是最好不要老想着要教他们,否则就太闷人了。下面是我回答孩子的一些例子:

〔问题1〕明明(六岁):为什么我脑子里总是幻想一些不切实际的事情?

明明小朋友:你才六岁,胡思乱想是一个六岁孩子的专利,不切实际的想法其实是最有趣的想法,千万别让大人过早地把你变得过于实际。等你长大了,你自然就会发现,生活中有太多令你不得不实际的事情。因此,现时你最好享受童年时光,让脑子天马行空,在幻想中发展创意。

当然,六岁也是一个发展思考的年龄,你会开始留意四周事物,尤其是人际关系。我不知道你所指"不切实际"的想法是什么,如果只是一些漫无边际的遐想,就不必担心。因为在你这年龄,那是最自然不过的事。但是如果这些意念与家人有关,又或者内容让你有些不安,那就可能意味着你对家庭关系有些担心。如果是这样的话,也许要找个你信任的大人或老师,倾谈一下你的心事了。

〔问题2〕**我有什么用?为什么我会出生?**

小朋友:你的问题让我有点为你担心了,是不是碰到什么挫折,又或者是挨父母骂了,让你有点沮丧、气愤,甚至怀疑为什么"把我带到这世上来"?

我不知道该怎样安慰你,但是我想与你分享一个秘密:我小时每遇到挫败时,往往也会怀疑我做人的价值。但是我发完一顿牢骚后,总会为自己找个秘密的角落,看看天、看看树、看看蚂蚁在土丘上爬或;伸长脖子享受阳光晒在脸上的温暖,或雨水滴在手心上的清爽,又或者双手接触到青草地上的那种柔软。从小事物吸收天地的精华,很快地,我又会快乐起来。

我现在长大了,发觉面对的困难有增无减,但我始终是个乐观的人。我祝福你也可以找到生命的魔术。

〔问题3〕**为什么父母不答应给我买玩具?**

小朋友:我不知道你几岁,但是你的问题太没有创意了。每个孩子都想父母给他买玩具,但是只有最没有想象力的孩子,才会像你这样发问。

想想看,为什么父母要给你买玩具?买什么样的玩具?什么时候买?在哪儿买?怎样才可以让父母心甘情愿地给你买?都是很有趣的探索,不是一味撒野就成。

我提议你好好地思考一下,同一个问题,可以有多种不同的思考,想通了,你也许会学到一点创意、一点脑筋灵活,到时你不用出口,自会有人因为欣赏你而多给你礼物。

〔问题4〕**我常梦到我的爸爸妈妈死了,为什么会这样呢?**

小朋友:梦到自己最亲的人死掉,在不同年纪的人都会发生。因为我们愈珍惜的,就愈怕失去。爸爸妈妈是我们最爱的人,因为太爱了,就很怕失去他们,这是最自然不过的事。当然我们有时会赌气,暗地里希望爸妈离开,梦中也会见到他们死亡,让你吃一大惊。好在一觉醒来,你会发觉,他们原来还是活生生的。那感觉真好!

所以,别太为那噩梦担忧,反而要好好地珍惜生命的价值。下一回再做这种梦,醒来时就赶快走到爸妈跟前,说一句好话、给他们一个拥抱,或者为他们做一些好事,这都是对父母生命的一种庆颂。

我还想告诉你一个秘密:我的爸爸妈妈都已经去世了,但我仍不时梦到他们活生生地出现在梦境中,让我在醒后,惆怅之余,仍带着一种欣慰。可见我们对双亲的系念,是超越时空的。

一口气回答了几封信,意犹未尽。因为,成人往往忘了自己也来自孩子的世界,只是再也找不到入门的钥匙。

与孩子谈话，先要了解他们的"魔术世界"，要找到解码，才能进入这个充满梦幻的国度。

记得《哈利·波特》刚出版时，我曾经问过十二岁的侄女，究竟这本书有何独特之处，让她如此着迷。

她答："成人都是'麻瓜'，不懂魔法，所以没法进入哈利·波特的世界。"

原来我是"麻瓜"，怪不得她懒得向我解释。我气起来，一口气自己把书看完，才发现自己真的不懂魔术，不知道那古旧无奇的火车站内，有个只有孩子才找得到的新站口，那儿有特班车，把人带到奇妙超凡的另一时空；也看不见在我们身旁走动的芸芸众生，有很多来自天外的异类，穿插在我们的四周，与我们凡人的世界重叠。两个不同的现实在同一时空运作，只是我们没有慧眼的人无法察觉。

成人喜欢教导孩子，其实孩子才是成人的导师。只是孩子毕竟是孩子，有时被困在成人的世界，动弹不得。我对孩子的辅导工作，往往只是协助他们找回那魔术世界，让他们走出成人现实的困局。只是在过程中，我也不知道是我领着他们，还是他们领着我！

记得在上海见过一个不肯上课的小男孩，他那当医生的父亲千劝万劝，就是没法让孩子就范。我看着那被工作及生活压迫得十分疲倦的父亲，当时我自己也是肩上千斤重担。两个过度疲倦的成人，对着一个过早便承受着成人世界疲倦压迫的孩子。他那白皙的小面庞上，乌溜溜的眼睛看着世界，他说不喜欢老师、不喜欢同学、不喜欢踏入那一点也不好玩的学校大门。

我当时一点也没有劝他上学的想法，只觉得他说得不错，学校有时真的不是好玩的地方；同时想起一部意大利电影《美丽人生》的故事：一位父亲带着小儿子被捉入纳粹集中营,在那不见天日的人间地狱,父亲却成功地让儿子以为那一切都只不过是个游戏,不但让儿子活命,还让他活得精彩。同一个现实,却有两种完全不一样的历程。

因此,我不由自主地就借用了那故事的喻意,与男孩玩起游戏:怎样把沉闷的校园变得有趣。

男孩说,最好把它变成动物园,老师当中有长颈鹿、有老虎,也有高贵的天鹅。同学中花样更多,不能安定的鸭子、喋喋不休的企鹅、狡猾的小狐狸、捉弄人的猴子,还有那让人讨厌的臭鼬。

说着,说着,校园就变得有趣起来。

男孩苍白的面孔不但发出光彩,还主动地向父亲提问,在他的工作单位,是否也有让他不开心的人物,是否也能把他们变成动物园里的动物?

这种谈话并没有什么深刻的含意,也没有任何训导,但是却让那疲累的父子带着沉重的脚步而来,竟然轻松地带着活力离开。

而我自己,也感染了他们的乐趣,突然觉得世界上并没有任何大不了的事,只是必须创造一根魔术棒,把沉闷变成游戏。

当然有人会问,为什么不教孩子尊师重道?世上多少孩子连上学的机会都没有,他为什么不懂珍惜?

我却不认为这种教导有效。

因为这种话,孩子一定已经听过千百次,初听无效,再听也不见得有好处。

再说,我们人人都肩负着一大堆的"应该"或"不应该",自己都倦坏了,何必过早地推给下一代?

孩子并不是没有脑袋的小东西。他们必须发展自己的思考,只听大人话的孩子,将是最闷蛋的孩子。

　　我小时家中发生了很多不幸,却拥有十分丰富的童年。其中一个原因,就是没有大人不断向我脑袋输送讯息,让我有很多空间自我发掘,让我有机会接触不同的人和物,让我拥有魔术。

隐形男人

这个十岁的小男孩,不肯上课,考试零蛋,甚至不想做人。好好的一个孩子,究竟出了什么问题?

男孩的母亲说,她曾经以各种方法与男孩沟通,连老师、学校的辅导员,也是千方百计地接近男孩而不得其解。人人都说,怎样才可以打开男孩的心锁?

有趣的是,答案其实并不在男孩本身:他自己也是毫无头绪。既然孩子是一面镜子,他的行为往往是反映着他四周的人与物。

这一面镜子究竟反映着什么东西,就需要从他的家庭开始。

孩子的爸爸、妈妈与奶奶都来了,看似很平常的一个家庭,妈妈与奶奶都极为关心男孩,每人都以孩子为中心。

但是很快就发觉,奶奶与妈妈是面和心不和。同住一个屋子里,两代女性的矛盾是那样微妙地呈现出来,奶奶放在浴室里的毛巾,妈妈非把它扔开不可;妈妈布置得宜的厅堂,奶奶总是一椅一桌重新安排。奶奶认为孙儿缺乏营养,大鱼大肉地天天为他张罗,妈妈却怕儿子变成胖子,对他的饮食严加管制。

谈起彼此的冲突,妈妈便泪流满面,奶奶却别过脸去。爸爸坐在一旁,一直没有什么表示,只是在紧要关头,他的手机就会响起,让他更加可以置身事外。

孩子不停地观察着家人的举动,也许他有点疑惑,为什么这个治疗师没有如他所料的,把重点放在他身上,反而是关心他家里发生的事情。

在他完全投入母亲与奶奶的互动时,我突然问他:"十岁的孩子应该是个很活泼的年龄,与同学一起蹦蹦跳跳的时候,你为什么不愿上学?"

他想也不想便回答:"因为我的家人对我比上学更为重要!"

我说:"我明白你说什么,但是我不知道你的家人是否明白,你可以更清楚地告诉他们吗?"

男孩说:"好像家中有两个 baby,嚷着要吃奶,但是我不知道奶瓶要给谁好,因为给了谁,另一个就会不高兴。总是有人会不开心。谁输了,又会重新再斗。"

男孩的一番话,对在坐的人是当头棒喝。很多人不知道,对一个孩子来说,家人真的比学校更为重要。家人不得安宁,孩子也很难安宁。

孩子的话,也同时是一面照妖镜,让家里人感到惭愧。

我趁机加推一把,对孩子说:"你知道吗,我觉得你比你父亲更努力。"

我问父亲:"你知道我为什么这么说吗?"

父亲真的点头,说:"因为我逃避嘛!"

他继续说:"因为我逃避,所以孩子便成为我母亲与妻子的魔心,我们其实并不愿如此,但是还是发生了。"

男人说,他在公司,面对五百名员工也毫无所惧,就是面对不了家中两代不和的女人。

怎样处理母亲和妻子的矛盾,是自古以来对男性的一个最大考验。

隐形男人 35

男人们最喜欢说："手心是肉,手背也是肉。"那是最窝囊的说法。其实,婆媳之争,大部分是夫妻问题。母亲永远认为儿子是自己的,妻子却需要丈夫有个立场。男人处在这种微妙的三角关系中,愈不能表态,两个女人就愈不肯罢休,结果只苦了孩子。

男孩听到父亲的表白,向父亲说："爸爸,我想给你一个选择问题。如果我被妈妈与奶奶拉住,不能动弹,你会:一,赶快来救我;二,走开不理;三,叫我们不要烦你。三个答案,你会选择哪一个?"

男孩说得兴起,走过去让母亲与奶奶各拉着他一只手,期待父亲表态。

父亲虽然说得漂亮,但对儿子的挑战并无行动。儿子向父亲招手说："你快来!"

当犹豫的父亲向儿子走去时,男孩把自己的双手,从母亲及奶奶的手中腾出,跟着把父亲的双手交给她们,让她们握着。然后哈哈拍掌,对父亲说:"你应该来救我,那我就自由了!"

男人被妻子与母亲拉着,三个人都悻悻然看着孩子不知所措。孩子玩得高兴,又给父亲找试题。

他说:"爸爸,爸爸,如果妈妈和我一起掉进水里,你会先救谁?"

父亲不语,用手指指儿子。

男孩却惊讶地说:"怎么不是先救妈妈?"

天下所有以孩子为重心的父亲,怎样也无法了解儿子怎么如此不领情,他们不知道一个简单的道理:孩子与母亲是一体的,救不了母亲,也不可能救得儿子。

男人这才明白,不单自己是活在母亲与妻子的魔心中,连儿子也是他与妻子之间的夹心人。妻子怪丈夫心中只有母亲,丈夫又何尝不是觉得儿子与母亲过于贴心？他三番两次地埋怨妻子不应如此宠爱儿子。但是他愈责怪妻子，儿子就更加离不开母亲。他也尝试千方百计地把儿子争取过来，可是儿子就是不肯信任他。男人表面强硬，摆出一派大男人的尊严，骨子里却是不堪一击：儿子稍有表示，他便全无招架之力。妻子看见男人一时硬一时软，心中十分不是味道，她也不知道，这只是男人想走入自己家庭却又不得其门而入的正常反应。

这一家四口的故事，其实也是近代男人的故事。很多男性，都是在与自己母亲十分贴心的环境下成长的，而母亲的心，偏偏又是长期觉得缺乏丈夫的关怀。孩子承受着母亲长年的落寞与孤单，即使长大成家，也很难把母亲放下。

这也是个近代女性的故事。妇女接受新时代的价值观，对婚姻及家庭的质量自然有所期待，要求有个站在自己一方的丈夫，而不是嫁入夫家，成为婆婆的忠仆。

究竟谁是一个家庭的梁柱？是上一代的长辈，还是家中的夫妇？谁是这个家庭的 CEO？这是个十分复杂的问题。答案也会因人因事因文化背景而定。

但是无论如何，一个家庭如果不知由谁主持大局，就会像一间没有主管的公司一样，陷于一片混乱。而家庭关系，偏偏又是藤连瓜、瓜连藤地纠缠不清，本身就是一个迷宫。

好在这座迷宫都是大同小异的结构，只是以不同形式出现而已。

奇怪的是，无论这个时代多么要求男女平等，在处理婆媳问题上，我们始终对男人有所要求。例如上述家庭的丈夫，在同时被母亲及妻子拉着时，最苦恼的是双方都对他有所期待。他必须要有自己的立场，总不能像儿子一样，看哪个 baby 哭了就给她喂奶。

能够让妻子与母亲同时满意的男人,不单要懂得一些孙子兵法,还要有一点数学头脑。例如,如果你谁也不帮,那么就谁也不会对你满意;如果你站在一方说话,至少有 50% 的人对你满意,所以有立场是胜数。我看过最精明的男人,就是在母亲面前为妻子说句好话,老妈当时也许生气,但是母亲毕竟是母亲,没有隔夜仇。妻子却不一样,她心中受用,自然也会减少对婆婆的敌意,毕竟妻子最需要的是丈夫公开的支持和谅解而已。

其实对孩子也是一样,父亲想接近儿子,就必须接近妻子。就像那十岁孩子对他爸爸所言:"你必须要先救妈妈,把救生圈给她,那么我就会跟着她一起获救了。"

道理其实很简单,很多男人都说清官难审家庭事,问题就出在一个"审"字,没有人叫你去审,审是一种批判,一种置身事外。

长久置身事外,会让你变得有家归不得。

也许你会问,我为什么总是针对着男人,而不说女人?可能是我看了太多对婚姻失望的女人,习惯了只靠孩子而不需要丈夫。我也见过很多被妻儿拒于门外的男人,无论怎样努力,都入不了他们的阵线。就像这个故事的男主角,其实是个爱家的人,只是习惯了置身事外,结果连儿子都与他对抗。

我想,男人想享有天伦之乐,就必须让自己在家中不再是隐形。

凶爸爸的脆弱小心灵

在车站候车,排队的长龙中有位母亲转身去骂跟在背后的儿子。孩子大概十一二岁,好像没有任何该骂的行为。母亲那背向儿子的眼睛也不可能看到孩子是否在捣蛋。

但是她时不时地就回头,漫不经意地骂道:"跟得紧一点,不可乱动!"

儿子也漫不经意地,不加理睬。

不久母亲又回头:"你再乱来,我就给你两巴掌。"

儿子也是脸呆呆地毫无反应。

我看着,起初觉得这女士十分无理,而且无礼,在公共场所用她那刺耳的声音,侵犯别人的宁静。

车子迟迟不来,我很快就发现这母子后面,原来还有一位父亲,他一脸腼腆,表情与儿子极为相同。我怎样知道他们是父子?因为他们除了表情一致外,我看到孩子不时有意无意地用身体向他靠近,两人眼睛毫无接触,却流露着一种不言而喻的亲密。

父母子三人的微妙互动,让我突然明白,母亲对儿子的数落,可能是她接近儿子的方式。

骂人竟然是亲密的表示？这论调实在难以让人置信。

记得治疗大师 Satir 的一个案例，一名男子用刀追杀妻子。她却对那妻子说："他只是向你表示亲密而已！"

既然动真刀都是一种亲密的表示，舌剑唇枪又岂能例外？

在心理治疗的领域中，有一个称为重构（reframing）的技巧，指的就是如何以新角度来演绎事实的一种方式，为那原本不堪的行为，加一点创意。

其实，骂人也好，不停噜苏也好，死缠烂打也好，都是一种要求亲密的行动。家中那不断向老爸问长问短，让他烦不胜烦的老妈，她求的是什么？无非是想接近那心不在焉的老伴！

最近在一个电视的访谈节目里，看到一位被访问的台湾作家，她批评时下一些女士，总是那样不识情趣地缠扰着那下班回家疲惫不堪的丈夫，要吃什么？不吃什么？烧牛排好吗？要烧几分熟？五分熟太生了，八分又太熟！

这种对丈夫的关怀，不但毫不讨好，反而让对方逃之则吉。

这作家的话并非没有道理，只是她漏了一点，就是这些等了丈夫一天的妻子，求的是什么？不外乎是亲近对方。哪知对方不解风情，心中不是味，话就冲口而出，对方愈没有反应，话就愈不动听，而话愈不动听，对方愈没有反应。这一切不过是个恶性循环，谁也怪不了谁。

问题是，人是需要密切关系的动物，缺乏这种基本的需求，我们就会毛病百出。如果只是噜苏一点，那已经是不幸中的万幸了，严重时可能出现各种身心症，甚至是癌症，那才真糟！

可喜的是，如果你从"要求亲密"的角度去了解一些不受欢迎的行为，也许会令我们茅塞顿开，甚至冲破某些困局。

我最近就看到一位男士,乍眼看去,事无大小,妻子什么都是做得不对的,单是不懂得看说明书,就已经让他振振有词地数落了半天。我看他妻子打扮时尚,正想恭维她的衣着品味,没想他又一盆冷水,说:"我最怕女人穿着有流苏的衣服,吃起饭来流苏都沾到饭菜上去,太不卫生了。"

我看妻子围着一条十分好看的围巾,正想问她在哪里买得到,他又抢先说道:"我完全不觉得好看,围巾是十分危险的东西,上车下车,极容易产生意外。"

接二连三的奚落,不但妻子听了满不是滋味连我也觉得扫兴,心想,糟了,这位先生必定觉得我这治疗师跟他太太一样不济事,因为他对她的不满之处,我也同样拥有。

最糟的是,妻子已经气得不想理他,他仍理直气壮。我好不容易让妻子不被气跑,继续与他对话。她气冲冲地说:"我知道我丈夫看不起我,总是认为我没有出息。"

没想到他继续口不择言:"我是真的看不起她,工作那么多年,仍是干不出什么名堂……。"

这位先生要求接近妻子,可是他的一举一动,都是把妻子打走。我没其他办法,正准备投降,他却说得兴起,一宗宗地继续数落妻子。

我阻止不了,却突然发现,这男人其实盯得妻子很紧,她的一举手一投足,脸上一个不经意的表情,都逃不过他的眼睛。

很多女人都会埋怨丈夫当自己是透明人,即使整了容也不会被对方察觉。

这位先生恰恰相反,他的专注全部放在妻子及女儿身上,只是如此近距离地把人放在放大镜下观察,又怎能不是看得毛病百出?

怪不得妻女对他万分抗拒,已经到了妻离女散的程度。他的精神科大夫给他抗抑郁药之余,同时提醒他说:"千万要对家人说些好话,不要老做批评。"他回家后,真的尝试对女儿说些好话,但是过后又十分不甘心,觉得这是违心之言,并不是他想说的话。

明察秋毫,加上事事求真,简直是这男士处理家庭关系的死结。

他十分不甘心地向妻子投诉:"女儿分明没有值得赞赏的地方,却偏要我赞她,做父亲却不能说真心话,让我十分不能接受。"

妻子气得向他直瞪眼,他看在眼里,又说:"你快去看心理医生,你不知道自己瞪着眼时多么失控,必须吃药去!"

我见过这对夫妻两次,由初时被他那无可理喻的行为吓着,到渐渐理解他的内在心态,才体会到他的孤独及如何固执地维护着自己的孤独。

我问他说:"你究竟想对妻子说些什么?"

他说:"我是想告诉她,我为了达到她的要求而向女儿说了一些违心的话,想她了解而已。"

有趣的是,他不知道自己实际上所说出来的话,与其原意相差千里。

要求接近,却说出拒人千里的反话,也是近代人的一个大毛病。

为什么这位男士不能直接地说:"老婆,我需要你!我不能没有你!"

道理也很简单,因为他最害怕的,就是如果说出自己心底的需要,万一对方不接受,那该如何是好?人的最大恐惧,就是被人拒绝,为了避免别人的拒绝,我们往往会言不由心,说尽反话,装得一副不在乎的模样,其实心底里,却是带着无限的渴望。

明白了这个道理,我们就会明白这位男士的苦心。表面上那不停挑剔的恶人,骨子里却是那么地期待着妻女的接受。

他说:"自己就是目睹着父母不和,心中一直对父亲怀恨。没想到自己长大了,发觉早期父子间的不和,竟然再次出现在自己一代的父女身上。"这种一代又一代的恶性循环,像一幕无可逃避的希腊悲剧,只是重演时让剧中人更触目惊心。

可喜的是,妻子明白了丈夫内心的挣扎,终于愿意暂时放下恨意,尝试重整夫妻关系。

她说:"这么多年来,婚姻生活的不调和,实在令人心痛!"

她把手按在胸口上,以示心痛。我趁机让丈夫把手按在她痛处,让他们亲近。

谁知他说,从科学角度来看,她指的那个地方,并不是心脏的位置。

我忍不住说:"她说是,就当是吧!"

好在他不再争辩,真的把手按在妻子的胸口上,为她轻轻地按摩。还说:"我的压力都走到颈背上,你上次给我按摩,真的很舒服。"

我离开时,隐约听到他对妻子说:"老婆,不要再生我的气吧!"

在我的家庭工作中,碰到过很多凶爸爸,有的是真的大男人主义,认为女性比男性必然低一等级,但是更多的是小男人,在妻子与儿女前抬不起头,被拒于家庭的门外,只有整日恶言相向,落得大男人的虚名,心底下却是那般的脆弱与无助。

也许任何亲密关系,都需要双方放下盾牌,还要有一颗挨得下利剑的心脏。否则的话,全部精力放在保护自己那脆弱心灵上,又哪顾得了对方!

寻 找 理 想 伴 侣

人在多伦多度假,正好埋头盯着四方匣子。不管今夕何夕。

没想接到北京《心理月刊》的编辑来电,她要在十月做个专题报道,要求与我电话访问,题目是:"理想伴侣是否存在?"

她还附上一份当地的调查报告,其中八成男女都相信存在着"理想伴侣"。有趣的是:问起他们现在的伴侣是否理想,也有近八成人都说不是。

那位编辑百思不得其解,问我说:"为什么那么多人相信有理想伴侣,又有那么多人认为目前的伴侣不够理想?是否一早就不应该存有理想伴侣的念头,免得让自己失望?"

我却不以为然。相信有理想伴侣是最自然的一回事,谁愿意一开始就打算找个前世欠他债的人做伴,自讨苦吃?

但是信念往往在不知不觉中主宰着我们的行动。因此我们必须要了解,信念究竟是怎样的一回事?

所谓理想伴侣,信念是怎样来的?它究竟有多少是个人的主观?又有多少是来自社会的价值观?

求偶初期,人人都或多或少有个既定的蓝图,要怎样的一个人物,女的要温婉柔顺,男的要体贴入微,两人碰在一起,高矮肥瘦,都有一定的理想及要求,才算门当户对。这是上一代的观念,不幸的是,很多现代人仍然跟着这个规格为标准。

表面上的登对,其实绝对不足以维持一段两人关系,查尔斯王子为什么不爱公主,却爱貌似巫婆的女人?有人说,那是因为他在这女人身上获得从未有过的母爱。这个分析其实也不无道理,试想想,与公主一起生活,有多少乐趣可言?公主是习惯了被供奉的动物,处处需要被人衬托。她们往往不明白,王子都是母亲的宠儿,他们的使命是骑在马上走天涯,搭救那被魔法迷住的少女,没有人教过他们怎样面对长相厮守、要求多多的妻子。哪管你貌似天仙,反不如对着个平凡无奇、却像母亲一般赞赏你的女人来得舒服。

这道理很简单,但每个寻偶的男女都要经过一番体会才能开窍。我认识很多女士,始终不能明白为何婚前的王子,婚后变成家中的一块木头,完全不能与自己配合;我也看过很多男士,无法理解以前那善解人意的可人儿,怎么一下子变成无理取闹的凶婆子。

想起一段有趣的对话:妻子投诉先生是个大男人,不帮她理家务。丈夫却说妻子才是大女人,并不是他不理家务,只是没有依据她的方式去理。他说:"例如吃瓜子,我会把瓜子壳放成一堆,吃完了才扫走;我妻子却非要我拿个纸袋子,把袋口翻转过来,吃一颗放一颗地把瓜子壳一粒一粒放在袋子里,说那才叫作打扫家务。"

男人绘影绘声地把两人的分歧描述出来,像个受委屈的小男孩,连他们的两个小女儿都忍不住掩着嘴巴笑起来。

男女有别,这个分别可大可小,大分歧有时还容易处理,小分歧却最为熬人。也许伴侣的最大考验,就是朝夕相对的搭配。从打理家务到教育孩子，至处理双方家族人际关系，处处都可以是个战场。要做一对成功的配偶，单有爱情是不够的，还需要友情、同情、柔情，尤其是闲情。因为在我们这个马不停蹄的现代社会，永远都有做不完的事情，缺乏闲情，何来理想伴侣？

当然，我们也可以说，不停找事做，是因为在伴侣身上找不到共同的乐趣。不是说，"不满足的妻子总会不断打扫房子"吗？

理想伴侣，其实绝对不只是夫妻关系。同性伙伴、未婚男女，以及各种非传统性的配合，都是一种伴侣关系。也许我们的最大问题，是把一切个人期望，都寄托在对方身上，而绝对没有一个人可以成功地满足我们的全部需要。

意大利电影大师 Fellini 拍过一部叫《八部半》(Eight and a half)的电影，介绍了他生命中不同的女人：妻子、情人、工作伙伴、母亲，以及一个痴肥的保姆，因他仍留恋着孩童时倒卧在她那肥大的身躯时那种肉团团的快感，每个人都给他带来不同的情怀。但是他的理想情人，却是一个不时出现在远处的神秘女郎，她永远存在他的意识中，却并不是他生活的一部分。

中国有一部叫《百年婚恋》的电视连载，报道近百年来各种伴侣关系，上至名人包括鲁迅、胡适之等人，下至贩夫走卒的爱情故事。人与人之间的火花，原来可以擦出千变万化，但离不了一个准则：在不同的时空、不同的文化，人人都会以各种方式追求理想之伴。

其中一段描写第一位主演《白毛女》的舞蹈家与她舞伴的婚姻，两人在舞台上习惯了如此完美的二人组合，在生活中也是配合得天衣无缝，直到他们老去，仍是如此地形影不离。如此美满的伴侣，怎不让人赞叹。

但是理想伴侣，可遇不可求。

真的遇到了,也要两人不停地学习互相跳舞,才可以在人生的舞台上,配合得精彩。不然你脚缠我脚,我手撞你鼻,本来最理想的伴侣,都有可能惨淡收场。

齐 人 有 一 妻 一 妾

见过很多有婚外情的男士,却从来没见过如此乐意剖白的一位。这是我在深圳见到的一个家庭。三十多岁的儿子,说是患上狂躁病,是精神病院的常客。怎样处理儿子的问题,让父母忧心如焚。

见到治疗师,就赶着问主意,是否要让儿子出去工作?不能老让他困在家中;又不放心让他出门,怕他失控时会闹事。

父亲坐在妻子与儿子中间,十分焦急,不断地用手拉着儿子。儿子的反应却十分冷淡,要理不理。这是个大块头的男人,让父亲当小孩一般拉着手,实在有些别扭。母亲却不停地为儿子倒茶,注意力都放在孩子身上。

明显地,这是父母的宝贝儿子。

父母的话题都集中于儿子,但是儿子却只想谈父母。问起他还有什么家人,他却欲言又止,几根指头数来数去都数不出一个数目来;最后,他说:"这问题暂时不回答,可以吗?"

父亲在旁很是着急,母亲却好像胸有成竹。各人呆了一会儿,最后,还是父亲表态了。

原来他另外有了一个家,也生了一个儿子。

说时,老泪纵横,泣不成声,他说十分后悔自己的所为,但是不想发生也发生了。

他解释了很久,我其实并不听得很清楚他那浓厚的乡音。为了让我听得明白,他用不同方言重复:"鱼与熊掌,不能取舍。"

鱼与熊掌,不能取舍!

话是对我说,求的却是妻儿的谅解。

男人说,这是他第一次公开自己的秘密,但是从儿子数不出家庭人数的犹豫看来,其实这早就是个公开的秘密,只是没有开口而已。

有趣的是,男人的突然表态,反而让妻子与儿子不知所措。尤其是儿子,一直以来都是母亲的私家侦探,父亲的隐秘,让他更是理直气壮地把自己的狂躁病发挥得淋漓尽致。现在老爸竟在人前公布隐情,一下子就改变了整个游戏规则。

齐人有一妻一妾,但这绝非只是丈夫周旋在妻妾二人间那般简单的一回事。原来儿子或女儿,都是这个婚外情系统的一个筹码,甚至是一张王牌。

我不久前在台湾也见过一个类似例子。爸爸在外面有了女人,三个女儿比母亲更为积极,追踪的追踪、暗访的暗访,各以不同形式处理这个本来属于上一代的问题。大女儿本来烦不胜烦,打算抽身不理。但是她每到入睡时便五脏翻倒,无法成眠,即使她想离家,她的身体也要把她留住。

那备受三个女儿保护的母亲,反而不用出手,甚至不再为丈夫烦心——因为她在丈夫身上得不到的慰藉,都在女儿身上获得。

眼前这一家三口也好像是同一道理,母亲的指望,都放在儿子身上。儿子也不负所望,大半生都在与父亲纠缠:三十多岁的年华,没有工作,没有朋友,没有自己的生活,只有一身狂躁。

父亲知道儿子被废了,多多少少也与自己有关,加上前一阵子与小儿子出门被大儿子碰上,父子二人的关系更是雪上加霜。儿子的行为更显疯狂。

种种理由加在一起,怪不得老爸决定用这机会向家人摊牌,只是不摊牌还好,人人绕着这个秘密而转,各就各位。一旦秘密公开了,老爸声泪俱下的内心表达,局面就突然扭转过来,逼着老妈与儿子表态。

老爸既然承认自己是家中祸首,要拿他宰之杀之吗?还是要接受这鱼与熊掌的安排呢?

本来处于被动位置的母子逼着变成主动,母亲望着儿子,儿子也望着母亲。最后还是母亲决定自己调停,她说:"已经是很多年的问题,都已经习惯了。"

我对老爸说:"毕竟你的行为是大大地伤害了这个家庭,你可曾向妻子赔过不是?"本来想帮他下台,没想他却说:"我这个人一向倔强,从来不会向人道歉!"

我心想,这男人一方面泣不成声,一方面却连对妻子说声道歉也大讲道理,真拿他没法。

但是一个治疗师的责任,并非做道德警察,我只是努力地与他们一同打通家庭的经脉而已。连妻子都不作要求,我凭什么要他道歉?

我自己在思量之间,才突然明白,老爸的剖析自白,并非为妻子而发的,他只是努力把儿子争取回来。尤其是被大儿子在路上碰个正着,不打破这个哑谜,父子之间就无法继续正常沟通,才迫不得已趁机表态。

压在心底的秘密一旦公开,老爸如释重负,拉着我的手千多谢万多谢。其实我也不敢确定他的表白是否是一件好事。他的儿子也明显地十分小心回应,既不接受,也不反对,不过他起码同意这点:自己多年来一直扮演着保护母亲的角色,以至于自己的成长处处受阻。

他说:"本来有个机会离家升大学,但是也放弃了,因为知道自己一走,这个家就会散掉。"

而现在,家是维护下来了,但是这个铁三角也牢牢地形成了,谁也不能拆开。一个大好青年,手握着父母婚姻成败的关键——而他自己,却成为一个生活作息完全依附父母的精神病患者。

我在深圳工作期间,当地电视台正好播出一部名为《错爱》的电视连续剧,内容也是陈述一个基于第三者的介入而父母离异的家庭,那个一直陪伴在母亲身旁的小男孩,接收着母亲心中的痛楚、煎熬及怨怼,对父亲始终充满仇恨,无论父亲怎样向他亲近、为他补偿,这男孩还是长大成为一个满是愤怒和苦涩的青年,无法在社会正常地立足。

我问他们有没有看这电视剧,他们望着我久久不能作答。

后来我有机会单独与这对夫妇会谈,发觉他们其实是自由恋爱,男人是违背父母的意愿与女方成婚的,初时喜爱她的个性独特,婚后却无法接受她的倔强。偏偏男人是个多情种处处留情。两人不久便矛盾百出。男人说:"你知道我为什么不肯向她道歉吗?我其实在家老是向她赔不是,但是每次都被骂得狗血淋头,渐渐便再也不敢向她接近。"

我这才发觉,这妻子原来是个很有活力的女性,为什么总是给人一种逆来顺受的感觉,让儿子老是帮她出头?

男女间究竟是谁强谁弱,谁也很难说得清,每个家庭都有千丝万缕,编织出来的样本各有千秋。但是有个不变的道理,就是男人如果背叛了妻子,必会有个来讨债的儿子,让你过不了好日子。

痴男怨妇与痴心孩子

这位太太刚坐下，便迫不及待地数落丈夫。丈夫坐在她身旁，眼睛不望她，动也不动。

这是我一项观察孩子对父母矛盾反应的研究。我示意父母两人提出一些他们没有达到一致的话题，彼此讨论，然后量度孩子的各种生理反应，包括心跳、手汗、脉动、皮肤收紧等等，以便了解究竟父母哪一些矛盾内容或互动形式，对孩子最具杀伤力。

近代很多儿童心理学的研究，都提出不少孩子受父母矛盾影响的数据。除了个性发展及社交能力的影响外，长期在父母矛盾中生活的孩子，血液的运行不断因心理压抑而受阻，长大后往往会患上心脏病，甚至癌症。其他身心症的发病，更是多不胜数。

这是我为儿科医生做培训时，他们所带来的一个案例：二十岁的女儿，无端变成瘫痪，十五岁的儿子也患上强逼精神症，这情况维持数年。女儿由孩子变成成人，不但没有起色，反而由儿科医院升级入成人精神科，在医院一住就是一年。因此，他们邀请这家人参加这项评估，尝试了解孩子的病情是否与家庭有关。

当我们要求夫妇二人谈论彼此的分歧时，他们面有难色——尤其是丈夫,原来他近年耳朵不灵,戴上助听器,怎样交谈?实在有点难说。

没想他们还未坐稳,妻子便有感而发,由盘古初开起,一段段伤心事、一宗宗无奈、一声声哀鸣,半个小时的夫妻会谈,声泪俱下,完全是个人独白。

大概说到累了,妻子用手推丈夫,说:"喂!你回应我吧!"

丈夫反弹一下,回应道:"什么?"

妻子再一次证实了丈夫是个没有反应的木头,于是又再重复她那已经重复过无数次的埋怨。

这个实验的特点是当夫妻对谈时,没有治疗师在场。只有他们的孩子,坐在会谈室的另一边,远远地观察父母的互动,让我们同时用仪器量度他们的生理反应。

尽管妻子的话好像完全没有被丈夫接受,女儿的心跳及血压却很快就超离底线,儿子的反应不如姐姐快,但是母亲说到伤心处,姐弟都同时泪流满面。母亲一直以为儿女不听话,她不知道,两个孩子并非用耳朵去听,而是每句话都打入心中,随着他们的血液一点一滴地运行,成为他们身体的一部分,怎样也推不走。

我去年在台湾也见过一个不能走路的少女,她天天跟母亲吵着要离家搬走,无法忍受那因为丈夫不断闹婚外情而发狂的母亲。有趣的是,无论她怎样嚷着要走,她的双腿却发出相反的信息,完全不能上路。

相比之下,现时这位姐姐幸运多了,起码她已经放弃轮椅,还努力找到一份散工。但是母亲的悲哀,仍然重重地压在肩上。偏偏母亲偏心儿子,对女儿的满腔情怀并不领情。很多人以为这少女的问题是同胞相争,其实同胞心态,哪有不是从父母而起?

我在单面玻璃镜后看着这一幕家庭悲剧,心中十分纳闷,怎么天下间有这么多的痴男怨妇？他们可知道膝下缠着一些同样痴心的孩子，难舍难弃？怎样才可以协助他们把剧本改写？

放下父母是那么困难的工作，尤其是当他们活得那般苦涩的时候。每一丝苦涩都会侵蚀孩子的每一寸肌肤和脉络。

这实验结束时，我加入这家庭与他们一起整理这次经验。

母亲说，她实在憋了一肚子晦气，不发不快，两个孩子却对她说："其实爸爸并不是你说的那么差劲，他心中也是很苦的。"

那本来聋耳的爸爸听后，立即振臂一挥，说："对了，孩子说得很对！"

他补充说，并非不想回应妻子，只是知道妻子总是不满意他的回应，反而把事闹大。他说："她生气起来，可以不顾一切，甚至往墙撞头，我完全不敢惹她。你看，现在儿子也像她一样，发起疯来也是往墙撞头，一发不可收拾。她老说儿子要见精神医生，我说她才是真正的病人。"

这才发现，儿子的种种古怪行为，并非来自他的个人。他说："我知道母亲很苦，我不断要求她不要再对我诉说了，我的头脑都要爆炸了，但是她不向我说向谁说？"

我问父亲："你看，如果你想救孩子，就要让你妻子有个诉说对象，不要怕她唠叨——反正你把助听器关掉，也没有人知道。"

全家人都笑了起来，这才发觉，这家人其实十分真诚可爱，连那不停诉苦的母亲，也十分爽快。父亲笑起来，更是表情风趣百出。

我问父亲："你其实那么风趣，为什么让太太觉得那般不痛快？"

他做鬼脸说："我可以很幽默的，就是对她不成。"

我提议母亲说："你可否问他，你要做什么才可以引起他的情趣？"

妻子以惯于与聋人谈话的方式，把声音提高八度，说："李博士很欣赏你的风趣，我要做什么，你才会与我分享你的幽默？"

我赶忙说:"不是我欣赏他。你欣赏他现在的样子吗?"

妻子才羞答答地说:"我当然喜欢他这样子……。"

两个孩子也禁不住加入,都说父亲有时实在把母亲宠坏了。

我见每人都拥护着父亲,赶快支持母亲。我说:"妻子是需要受宠的呀,也许男人要学习以不同的方式去宠她吧!"

这其实是很有动力的一家人,只是发功不当,各种力气交加碰撞,把全部人都缠得一团糟,成为晦气。把气打通了,个人便可以腾出手脚,就会有机会走路。

他们带着一家的怨气而至,却轻松地一起离去。我也学习了一个道理:原来每个人都可以活得好一点的,只要放得下成见,以及改变那只会把问题弄得更糟的处理方式。

肢离体破的女儿

在各种家庭关系中,母女之情是最为复杂的。

很多人都知道母子之间的情结,这也是古往今来很多文学作品的主题。心理分析对男孩那恋母仇父的潜意识心态,表达得淋漓尽致,但是女儿对母亲的爱与恨,却不是个日常的话题,甚至难以察觉。

这少女才十八岁,无端发出一身病症。好几年来,一直穿梭于各大医院的不同诊间,由儿科病人,渐渐升级为成人科病人。她的病历上写满各式各样的测试及诊治药物。

而她最大的满足,就是从不同医师手上取得那一袋又一袋子的新药。

明显地,她与医疗制度结下不解之缘,她喜欢入院居留,沉迷于医护人员对她的关怀。医院不能再住了,她便顺理成章地入住一所为残障人士而设的寄宿学校。

她并不残障,但是,她说:"在这里,我才找得到人与人间的真正关怀。"

我听着学校社工在转介这个病人时的各种形容,心中忍不住纳闷,这究竟是怎样的一个少女?怎么为自己建立了这么一个病人形象?有一个不断环绕着她的主题,就是别人的"关怀",她难道没有家人吗?怎么要以这般奇怪的方式去取得旁人的照顾?

社工说:"这少女的父母离异多年,家中还有一个患有自闭症的弟弟,她老是埋怨母亲偏心,因此不愿意回家。"

有趣的是,专业人士的报告是一回事,真正与这母女会面时,见到的又是另一回事。

这少女坐下不多久就说:"平时总是由社工人员或医师分别见我或母亲,这次我想与母亲一起直接会谈。"

母亲与女儿相靠而坐,但是两人的眼睛几乎完全没有接触。母亲说自己是单亲,也来自单亲家庭,与丈夫分手是她自己提出的,实在忍不下去了。当然离婚后日子并不好过,她说:"由于儿子需要特别照顾,也许真的是忽略了女儿。"原来母亲自己也患有抑郁症,她说:"最悲哀的是女儿不肯回家。"说着说着,眼泪就忍不住掉下来了。

女儿好像无动于衷,只顾对我说她自己的故事。她说:"不知何故,总是有股不甘心,例如看到别人一家团聚,就觉得为什么自己不能如此。"她说:"我知道自己对人十分苛刻,很难妥协。其实自己也不想这样,但是无法自我控制。"

我问她说:"你是否至今不能接受父母分离?"

她点点头说:"我认为没有那个必要。"

母亲赶快解释当时的立场,但是女儿并不回应。

明显地,父母的离异是这少女的心结。原来她当时十二岁,目睹父母多年的矛盾,她曾经想尽办法为他们调停。无可挽救时,她的箭头就自然地指向母亲,事事与母亲作对,两人到了无话可说的地步。

她说:"连父亲走了的消息,都是由社工代为转告的。因为母亲自称

肢离体破的女儿　57

'教育不足',不如专业人士解释得那般有效。"渐渐地,母女的消息全部由社工或外人代为传递。她一方面拒绝母亲,一方面又渴望与母亲接触。

其实,母亲也一样,她希望女儿能够成为自己的亲信,无法面对女儿那怨恨的目光,但是经过一次又一次的尝试而不得其效。她不得不承认自己无能,渐渐接受专业人士的介入,当然,又更是造成母女的疏离。

两个血脉相连的女性,坐在一个僵局里,分不开,也接不拢。

不是所有婚姻都可以达到白头偕老,当婚姻维持不了时,父母在悲愤之余,往往不知道子女的悲愤并不比他们少。而父母离异,孩子一般都会根据种种理由而偏帮一方,有时帮父亲,有时帮母亲——不管他们帮了哪一方,都是不幸地走进一个铁三角的局面,让自己不能动弹。

我想这少女也是一样,过了五六年,仍然无法放下父母的恩怨。她无论提起哪一个话题,弦外之音,都是针对着母亲。

我对这少女的各种古怪行为,突然找到一个论据:从父母离异开始,母女间的情结便扣得一天比一天紧,女儿的行为也一天比一天让人高深莫测。

母亲当然知道女儿的心结,但苦于不得其解。

她说:"离婚时觉得被前夫在心中插入一刀,但是第二刀却是被女儿插的。"

当时她从男人身上染上性病,把情况告诉女儿。没想到女儿不但不同情,反而说:"谁知道你是从哪里染来的。"

母亲说:"这一刀我至今无法忘记。"

母亲不知道,女儿这一刀,其实也插在自己身上。小小年纪,便敲上每一道医院的门,无论医生怎样告诉她身体无事,她都觉得肢离体破——家破了,人怎能没事?最后,找到残障人士的团体,反而觉得找到立足之处。

母亲说:"她老是埋怨我不到学校去探她。她不知道,并非我偏爱儿子,我实在无法接受学校中那些身体残缺的孩子,她并不属于那里!"

母女二人在这里难得地共处,各自诉说心中的情怀。她们的话都是对着我说,但明显地这些话是说给彼此听的。

最后,女儿说:"我最近看了一些书,让我感觉到父亲也许并不完全是对的,我很担心,如果这样继续下去,可能会真的失掉弟弟、失掉母亲。那时就一切都太迟了。"

她这段话说得好像毫不经意,但是,这番话分明是她这次要求与母亲会面的目的。

我支持她说:"你知道吗?父母离异时,往往把所有家人都凝结在某个时空,不能动弹。但是时隔六年,应该是走出那一直把你拴在十二岁孩童情怀的时段,是时候继续成长了。"

母亲也有感而发:"也许我也应该继续成长,而不是一直让自己沉在深渊。"

当我看到母女同时向对方伸手,一同承诺要走出困境时,我也不禁回顾自己与母亲之间多年的挣扎,那又爱又恨的纠缠。直到母亲逝去,才突然发觉,自己已经成为真正的孤儿了。

离婚不是过去的事

我又一次与这对母女会面。

上次会面是一个月前。那自从父母离异后就一直觉得肢离体破的女儿,明知道无法弥补父母的婚姻,却不停地在自己身体上找毛病,四处求医。

她的社工说,上次见面后,虽然母女都握手言和,承诺要一同成长,走出深谷,但是才一转眼,女儿又继续往身体上找问题。这回又有新发现,说是膀胱发炎,而且找到一个新的医师,答应帮她一天排尿三次。

母亲一听到女儿又出现新症状,立即就怒气冲天,马上找那医师问详情。

医师却说,病人不是小孩子,她的资料必须保密,母亲也不能例外。

这次见面时,母亲仍是十分气愤,怪医师、骂女儿。第一次会谈时所达到的进展,消失得无影无踪。

女儿见母亲生气,显得十分慌张,她说:"我叫医师不要告诉你,是怕你担心罢了,我明天就回去向他解释……。"

母亲并不接受解释,狠狠地说:"我再也不听你的谎言,我再也不管你死活!"

一直以为女儿很知道怎样点中母亲的死穴,原来母亲只要一发难,她就完全乱掉阵脚。

女儿眼睛避开母亲,口中却说:"我最近在医院看到一个病友,也是对母亲很过分,骂得母亲很伤心。那情境好像是一面镜子,像我照到自己……"

她的声音好像很平静,每句话都说得小心翼翼,骨子里却是涌着澎湃的情绪。母亲也不望她,继续诉说自己一生的不幸,说的是自己,每句话却都是指向女儿。

此时此境,实在没有必要继续探讨这两个女性的矛盾。

我觉得自己对女儿的了解多一点,因此转向母亲,问她说:"你来自怎样的家庭?有没有一些过去的因素,造成你现在对女儿如此激动?"

她想了一会,说:"我也是来自单亲家庭,父亲很早就离开了,根本没有留下很深印象,只觉得母亲很伟大,一个人带大我们六个孩子。我排第五,虽然有时也会埋怨母亲重男轻女,只听两个哥哥的话,但是我们都很孝顺母亲,从不给她添麻烦。"言下之意,矛头又是向着女儿。

她停了下来,好像突有所思,然后说:"也许我自己决定离婚时,心中只担心着母亲,让她又一次面对最不想面对的现实。心中只想安慰她,加上儿子需要特别照顾,也许就忽略了女儿。"

说到女儿,她的眉心又不由自主地皱了起来,继续说下去:"女儿从小就跟我作对,十分难管——总是我说东,她就往西,我说西,她就往东,在我离婚前就已经是这样。"

女儿忍不住插话:"那时你拒绝与父亲说话,什么事都要我传话。"

母亲说:"不找你传话,找谁?你总不能什么事也不管。"

女儿说:"连现在也是一样,仍得要我传话!"

母亲说:"现在他不给赡养费,当然也得有人找他。"

我原以为这父母已经离婚多年,没想婚是离了,但是他们的恩怨却是没完没了。本来离婚的道理,就是接受婚姻不能继续,但是对很多人来说,离婚不是过去的事,情断了,恨犹在,而恨,有时比爱更能把人拴在一起。

我问母亲,已经分手六年了,怎么仍走不出这一段已经完结了很久的矛盾。

她说:"我也不知道为什么。看到自己的母亲尝尽失婚的苦头,从小就决定绝对不做单亲母亲,怎料仍然走向上一代的路。"

她又说:"离婚后,我一直要自己比他活得更好,活得更成功,但是,每看到女儿,就想起她的父亲,她的一举一动,都像父亲一样。"

原以为是女儿放不下父母的离异,原来那患有抑郁的母亲,才是那一直维护着这段不幸婚姻的始作俑者。

母女关系的牵连,原来是那么微妙、扑朔迷离,乍眼看去,以为是女儿偏帮父亲,与母亲不能贴心。看清楚一点,却发觉母女是一对连体婴、血脉相连。怪不得女儿总是往外求救,她需要逃出母亲的掣肘,她知道不能把母亲的心魔,变成自己的心魔。只是她无论怎样逃避,都会继续肩负着父母,以及他们之间那剪不断理还乱的恩怨。

可惜的是,母亲在哀痛自己一生的失落之余,只看到一个不称心的女儿,看不到女儿对她的忠心。

参与这次会谈的一位同学,过后问我说:"我看到女儿是那么希望与母亲接近,尤其当她提及那面镜子,让她知道自己对母亲有多过分时,你为什么不利用这机会,让她与母亲面向彼此、互相接触,消除彼此之间的误会?"

我想，看到母女如此相残的矛盾，人人都有一种自然冲动，想让她们相拥相亲，化干戈为亲情。

为什么我不这样做？

因为亲情是有代价的，一位悲伤的母亲，往往要求女儿以她的感觉为感觉，以她的经验为经验，而女儿必须放弃自我，才可以成功地扮演这个别人为她安排的角色。

两个严重受伤的女人，只会继续以没有效用的方式去接近或抗拒对方。

家庭工作做得愈久，就愈觉得个人自我意识的重要，愈认为每个人都有责任要让自己活得好一点，才有办法亲近别人。

即使亲如母女，也必须弄好自己的界限，才有机会享受真正的亲情。

因此，我对女儿说："我希望你先学习训练好你的膀胱，不要靠医生放尿。一个人如果连自己最密切的身体发肤，都没法控制，才是最最悲哀的事。"

而母亲，六年了，我问她，是时候真的把前夫踢走了吧？

当别人都向家人寻求慰藉，我却提议他们各自修行，好像违反了家庭的真义。

但我确实是那样做了。

重 组 家 庭

重组家庭是一个愈来愈普及的现象,随着离婚数字的增加,再婚家庭的数字也会增加。

记得有一个美国的孩子这样说过:"我的同学当中,大都来自离婚或再婚家庭,要不是只有爸、只有妈,就是两个爸、两个妈。像我这些来自完整家庭的孩子,反而变得稀有。"

美国的离婚率达百分之五十,孩子有这种反应并不奇怪。中国的离婚率也慢慢追上,可能不久的将来,中国的孩子也会有同样的感叹。

美国有一本特别为孩子撰写的书,叫作 *Divorce Happens to Normal Family Too*,可译作《正常的家庭也会离婚》,主题是协助孩子接受家庭的改变。

如果婚姻是一项艰巨的工程,那么第二次的婚姻,应该是熟能生巧吧?

事实却刚刚相反。重组家庭,往往比第一次更困难,尤其涉及孩子的再婚——夫妻一开始就同时要做父母,当中完全没有适应期;加上孩子仍然没法接受父母的离异,很难接受一个新爸爸或新妈妈。

社会对后父或后母的标签一向不好,尤其是后母,在所有童话中,都是以巫婆的形象出现,即使像白雪公主那艳丽的后母,在魔镜面前都会原形毕露——勾鼻子鼠眼睛,心怀诡计的扫把精。

各种内外因素,都会为家庭重组增加种种困难。

也许为了摆脱这个恶形象,很多后母都会刻意地做个好母亲,为丈夫前妻的孩子填补那失去的母爱。问题是,那毕竟不是你的孩子,尤其年纪大的孩子,在痛失慈母之余,最不能接受的就是另一个女人代替了母亲的地位。

最近在台湾见了一位后母,她全心全意地照顾丈夫与前妻所生的一个孩子,对自己两个亲生的,反而没有那般在意。那男孩已经十一岁,对后母小心翼翼、尊敬有加,却欲言又止。奇怪的是,如果说这孩子不亲后母也就罢了,只是他对自己的亲爸,却也是更加保持距离。他似乎十分抗拒与父亲对话,对后母的话还会回应,但是,对爸爸的话却总不作答。

后来才知道,他父母的离异充满火药味,至今仍是爱恨难分,父亲虽然再婚,但是与前妻仍是纠缠不清。孩子与生母也有保持联系。处于大人这种情感交叠的情况下,孩子的心态当然混乱。在两个母亲之间,更是无所适从,在这样的环境中,他渴望父亲的保护,偏偏父亲是自顾不暇,哪顾得着孩子。

连唯一能保护自己的父亲都插不了手,儿子对父亲的恨,难怪是那般深。

重组家庭,往往需要面对很多前因后果、阴差阳错。后父的困难也同样复杂。

因为失婚的母亲,往往会与子女建立特别紧密的关系——习惯与母亲相依为命的孩子,更难容忍母亲找到新的伴侣。我见过有些孩子,甚至不肯让母亲与新爸爸同床,带着枕头非与母亲睡在一起不可。

如果双方都带着孩子来成家,情况更是热闹。两组本来属于另一个家庭的人,突然重新组合,大人们起码是甘心情愿地结成夫妻,孩子们却不由分说地就成为弟兄姐妹,怎能不别扭?

这也是重组家庭的难处:没有充分的准备空间,就要挤在一堂,不像第一次成婚,由两人开始,然后慢慢地迎接孩子一个个地来临。

这种速成家庭虽然有百种不方便之处,却未必没有应付良策。况且随着再婚现象的普及,总不能为了避免麻烦就放弃再度成家的机会。

重组家庭像是两家公司的合并,需要有详尽的架构和组织,并根据两家公司的特性而做策划。

以大人而言,他们往往从前一段婚姻带来一种伤痛和恐惧,不像第一次成家时那般纯情。以孩子而言,只因两个大人要结合,你就要接受一个陌生人做爹娘,甚至突然间多了一组兄弟或姐妹,其不甘心之情可想而知。各怀心事的成员,要生活在同一空间,同桌吃饭、同用一个卫生间,所有坏习惯都会一览无遗。梅开二度的家庭,实在更加具备着人生的酸甜苦辣。

很多研究都指出:重组家庭必须有一段适应期。这并不等于无为而治——成功的重组,必须从夫妻开始,毕竟这是新公司的两个总裁,他们配合得不好,这公司也不可能前程无限。

问题是,再婚的父母往往一开始就被孩子的抗拒弄得乱掉阵脚,忙着做父母,反而失掉建立夫妻关系的机会。像前面提到的台湾例子,后母把全部专注都花在孩子身上,结果不但孩子与父亲疏远,她自己也感到与丈夫之间存着一道鸿沟。个案的表征问题是孩子不上进,但是一番探讨之下,反而是新妈妈对丈夫缺乏安全感。

当然,究竟的问题是母亲忙着照顾孩子而忽略了丈夫,还是妻子因为逃避夫妻的矛盾才专注于孩子？这问题在所有原婚及再婚家庭都值得思考，只是在再婚家庭会更为复杂，因为那毕竟不是你生的孩子，你的刻意专注，可能会让他更加感到窒息。

像那十一岁的孩子说话吞吞吐吐，只求大人们不要再拿他作话题，但是成人又怎舍得放下这个转移矛盾的好目标。

中国家庭的家族背景，尤其对重婚的夫妇不利。我在四川见到一对再婚夫妇，虽然没有孩子的问题，但是大除夕夜家族守岁，婆婆请来的不是现时的媳妇，却是那已经离异的妻子，结果一顿年夜饭是因为打架而闹到公安局收场。人人都说四川女人厉害，却没有人想到，那不表态的男人才是重要关键。

重组家庭的成败，其实全把握在新夫妇手中，下面是一些婚姻治疗师为他们所提供的一个方程式：

1. 必须首先巩固两人的关系：要记着你再婚的最大理由，是因为选择与对方一起生活，其他都是次要。问题是，很多人再婚只求有个家，求一份安全感，甚至是因为喜欢对方的孩子，那么这方程式的第一项已经不能成立了。

2. 记住孩子是对方的：你与孩子的父亲或母亲结合，并不等于立即就可以与孩子亲密。你不一定能爱这孩子，但是应该为孩子提供适当的照顾；管教方面，除非孩子年纪很小，最好还是让他的亲生父母执行，不管你同意或不同意对方的方式，千万不要把这项工作抢过来另作主张，只能在彼此冷静时，再作讨论，否则只会养成夫妇各行各素，各自修行。

3. 容许适当的自我空间：重组家庭最常犯的错误，就是过早地要求一个亲密的家庭。两个大人可以亲密，但是孩子却必须要有足够的时空，才有机会，慢慢接受。不能像即冲咖啡，一加热水便可以入口。关键是,新的爸妈如果在孩子眼中提供好榜样,孩子慢慢地也会放下歧见,与后爸或后妈建立好关系。

因此,很多治疗师都会对孩子说:"你也许暂时还不习惯家里的改变,但你慢慢就会发现,这改变其实对每个人都是好的。"

这方程式的道理其实很简单,但是做起来却十分困难。因为人的关系永远是阴差阳错,好像初学打太极拳,手脚总是不听话,前后交叉,很多事都由不得你。因此,此时此地,幽默感才是最重要的。家庭中的点点滴滴,有太多让人哭笑不得的场面。既然哭笑不得,就不如选择去笑,一笑解千愁、一笑置之、一笑乐之,像老和尚说的,喝茶去吧!

只是这个"喝茶去吧",绝不是让你一个人去,而是与你的另一半一起去。这样才有机会在杯中找到柳暗花明!

到西藏去

好几年来,无论到哪里去,都是会见当地的家庭,我的旅程,总是从别人的家庭故事开始。

起初也怀疑自己是否患上偷窥狂,怎么对别人的隐私具有如此好奇?后来发觉并非如此。因为 Peeping Tom(外国人所谓的偷窥狂),一般都是在门外偷偷窥入,门内人却全无察觉。家庭治疗师的工作,却要走入别人的屋子里,在短暂的时空内去感受别人的家庭故事,以及每个家族成员的关系冲击。

原来那是如此紧密的一种相互接触,怪不得我每次下来都因过分投入而不能自拔,忧别人之忧、喜别人之喜,让我总是放心不下,久久不能自己。

尤其到了陌生的地方,往往一口气就见了好几个家庭,然后再去游历,天高地厚,却都成为这些家庭的背景。这让我明白,一个人的内心世界固然重要,但是人也是天地间的一个元素,不断地与身边的环境互动,接收着四方八面的讯息与熏陶。你以为自己天生如此,其实一切都是环境与造化的安排。

到北京工作了几天,恰巧有机会往西藏一游,心想,太好了。一直都想去西藏,这次乘便可往,也不管高山症有多厉害,赶快跟着大队走。

来到这世界的屋脊,天空真的很近,一片彩蓝,好像伸手可及。坐在大昭寺前面的石块上,看着八角街上的人来人往。在这里我并不认识任何家庭,只见到很多穿着藏服的男女,在寺前的空地上,一跪三拜的,全身拜倒在地面上。这是一个陌生的地方,我在梦里常来,但是真的来到了,却只感觉到站在梦的边沿,走不进去。

爬了三百多级石梯,终于站在布达拉宫的屋顶上,阳光耀眼得让人昏迷迷的,但是我仍然感觉不到自己身在西藏,总是缺乏了一些东西。

我想起很多年前看过一部叫《盗马人》的电影,描写一个以盗马为生的藏人,虽然把盗来的大部分财物都捐赠给庙宇和族人,结果还是被赶出部族。他带着妻儿,无法在严寒的冬天生存,儿子很快便病倒了,他就是那样一跪三伏地走去求神,但是所有的诚心都救不了儿子。当他妻子再度怀孕时,他再次盗马,把所得全部献给族人,换得妻儿得以返回部族,而他自己,便一个人在旷野消失,成为飞鸟的饲料。

这部片子没有几句对话,却把个人对家庭及所处环境的冲击,提升到一种灵性的境界。我初看时不觉得怎样,但是当晚在睡梦中半夜醒来,脑子里一片茫茫高原,只觉得无尽的悲哀,所有人生的无奈与不幸,属于我自己的,以及属于别人的,都在同一刻向我涌来。

也许这就是我要来西藏的理由。

但是,除了我的导游,我并不认识任何当地人。没有人的故事,布达拉宫也是苍白的。

近年来,我工作的重点都是放在父母关系对孩子所造成的影响上,因此对夫妻关系所造成的气氛甚为敏感,尤其那无言的语言,是何等有效地渗入我们的呼吸、我们的血液,成为我们的脉搏。

站在布达拉宫的最顶层,面对着脚下的拉萨景色,心中却想着一位上海的少年。这少年不停洗手,洗得皮肤都脱落了,仍然不能停止。

少年没有说过一句话,但是坐在他两旁的父母却有讲不完的控诉,他们对彼此的恨意是那么深,不停向对方丢垃圾,怪不得儿子无论怎样洗濯,也不能洗清。

我也想起那厦门的少女,她要脱离家族对她命运的安排,一个人逃到北京,但是漫长的路途却结束在精神病院的四壁内。

我也想起台湾不断割腕自杀的女孩,她说她父母说的是"火星人"的话,无人听得懂——不幸的是,她听得懂,因此不断为他们做翻译。

那种话,我也听得懂:那是无数身陷不幸婚姻中的夫妻表达。其关键不在言语的内容,而是它那足以把每个人都围困得不能动弹的大杀伤力。

想着这些我会见过的人,我开始感觉到这西藏古庙的大慈大悲了。

也许每个人都需要走出自我,才看得到天地悠悠,苍生渺渺,人生无常。

科学家告诉我们:一个人快乐时,大脑活动会集中在左边,愈是不快乐,大脑的运作就愈偏右。如果你想象在脑前有一条直线,由左至右,就像一条快乐的指标,愁眉苦脸的人,脑部活动当然靠右。但是,怎样才是快乐的根基?要做什么才能让脑部活动靠左?

一些研究西藏僧侣的脑部扫描指出,僧侣在入定时达到那种忘我的境界,会让大脑活动集中于左。由此可知,人的思想愈能超脱自我,就愈能给自己带来快乐。

当然,并非每个人都需要做和尚才能找到快乐,看过人间百态,我自己得到最重要的一项启示,就是千万别让自己变得苦涩。

苦是生命中避不了的，变成涩就会让人万劫不复——为了弃我之人，却苦了身旁最爱我的人，实在划不来。

一些教人欢笑的瑜伽练习，叫人有理无理，都要畅怀大笑。因为科学证明，我们的身体机能并不能分辨欢笑的真假，只要笑得开心，全身就会受用。笑得多，假的也就变成真了。生活上实在有太多可笑又好笑的事情。

我在佛殿中胡思乱想，愈想也真的愈觉得做人是很有意思的一回事。

平时我也喜欢一派胡言，但是站在如此接近天际的山岗上，空气稀薄、寒风彻骨，同样的胡言也有不同的新意。

我想，我真的来到西藏了。

可恶的抑郁症

不久前在苏州博物馆的贩卖部买了一只龙的风筝,准备夏天回多伦多时送给雅奴。

雅奴属龙,我每年见他时都会送他一件与龙有关的小礼物。十年来已成习惯,但是今年这礼物送不出去。雅奴患了严重的抑郁症,谁也不想见。

他说:"等我心情好点时,就会联络你!"

但是他的心情已经有好几个月不曾好过。

有人说,抑郁是二十一世纪的新癌症,几乎每个人身旁都有人或自己染上。而这也是个最叫人无可奈何的病患,病人毫不起劲,让人无从入手。

最近在纽约与专治抑郁症的婚侣专家 Peggy Papp 会面。她谈起到巴黎做治疗示范的一次惊险过程。现场示范本身就是令人紧张的一种考验,因为有太多不受控制的未知数。偏偏来见她的一对夫妻,丈夫就是患上了严重的抑郁症。

Peggy 说,这男士垂头丧气,完全不想与人谈话,他说,对一切都失去兴趣、对妻子完全没有感觉,每天上班也只是行尸走肉。如此沉闷的对答,最有本领的治疗师也无计可施。

处理抑郁症的最大秘诀,就是要挨得起闷,同时要在毫无生气的绝境中,找到生机,真是谈何容易。好在 Peggy 沉得住气,死缠烂打,终于找到一个让男人有兴趣的话题,就是他那远离家乡正在澳洲攻读大学的女儿!

谈起他的独生女,男人的眼睛开始闪亮起来。原来他在世上仍有所挂念,总算不是万念俱灰。治疗师能够绝处逢生,已经让在场参与的人无限感动,连负责现场摄影的摄影师都泪光满面。

问题是,治疗示范并非奇迹示范,除非有人能够学习到治疗师的技巧,继续跟进,否则很快就会打回原形。根据英国一项最新研究,抑郁症的最佳治疗是从亲侣关系入手,这比药物更为有效。

只是,严重的抑郁比婚外情更具威力,病人往往理直气壮地拥抱着自己的抑郁,至死不放手,对枕边人的劝告,反而十分厌恶。

我自己在处理临床案例时,往往都特意把病人与症状分体,我会说:"你与你的抑郁",而不是把二者合一。道理是让病人在意识上,也渐渐以异体的角度去评估自己的抑郁,而不是全部让病魔侵占。

但这只是心理治疗上对语言的一种运用,只可在认知的角度进行,如果病人换上是我自己的丈夫或亲友,我也会一样全无招架。因为比抑郁症更折磨人的,就是面对患上抑郁症的亲人。

我望着送不出去的风筝,不知如何打发。

雅奴自己是个心理学家,行内人患上抑郁症,要比行外人更难应付,因为无论你说些什么,他都会怀疑你在分析他的心理。有时也真的是无法脱离职业习惯。我找雅奴的老友,第一句话就问,究竟是什么触发了他的抑郁症?

雅奴的老友也是心理分析家,源源不绝地说起——由雅奴母亲去年去世开始,以至他十多年前工作上的一些难以排解的挫折,都可以是导火线。

我不由得想起弗洛伊德早期的一个案例,一个觉得生无可恋的女士,有幸被几位宗师都作过仔细分析后,结果还是成功地自尽了。

当时好像是心理大师 Carl Rogers 说过这样一句话:"我们所有的知识和分析,都救不了这病人!"

那么,怎样才可以救人于危?

Rogers 所提倡的以人际关系为本,以人治人的理念,至今仍是心理治疗的奠基石,但是怎样应用,却是需要涉及各种不同层次。

想起与雅奴相识多年,自然知道他的致命伤在哪里,只是有很多话是多说无益,最令人担心的还有他的妻子玛莉——她自己是心理医生,白天是个让病人信赖的专家,晚上回家却完全无法为丈夫打气。我可以想象,无论她说些什么鼓励的话,他都会尖酸地反驳,或毫无反应。久而久之,连她自己也会变得不能动弹。

抑郁症的最大杀伤力,就是不知不觉地蚕食着病人,以及病人身旁所有人的生命。

打玛莉的手机,却总是录音叫你留言。雅奴是个典型的英国人,人与人之间的限界分明,虽然是多年好友,我也不能没有约定就找到他家中。但是我知道他在家中会接电话。

左思右想,总不能置他不理。我屏住气息,终于又拿起电话打给雅奴。

这次我做好准备,完全不把他当作病人,也不理会他的抑郁症,只说:"我在苏州买了这只风筝,是个精巧的龙头,如果你不快来取它,那么,我就会据为己有。"

对方迟疑了一阵子,终于说:"我也想见面,只是我的情况并不理想。"

我说:"噢,我们认识多久了?你并不需要情况理想才见我!"

他回应:"谢谢你的谅解,也许我和玛莉在周末一起过来找你?"

雅奴说话小心翼翼,但是声音还算正常。我舒了一口气,这一步总算走通了。

我沾沾自喜,同时发现一个道理:抑郁症是个挥之不去的恶棍,随时准备向我们现代人讨债,一不留意,就霸占你的空间,吸取你的元气。

既然挥之不去,就得学习与它斗法,起码不要让它老是逞强。可喜的是,它悄悄而来,有时也会悄悄地突然离去。不屈不挠的乐观,以及绝不放弃的坚持,是我们最大的武器。

卡夫卡的境界

《蜕变》(*The Metamorphosis*)是捷克作家Kafka的作品,说的是一个四口之家,大儿子突然变成了一只大甲虫的故事。

这部作品写于二十世纪:一个平凡无奇的上午,一个平凡无奇的家庭,却发生了一件可怕的大事——这个家庭的长子,早上一觉醒来时,发现自己不再是这个家庭的支柱,反而手脚变形,长出吸盘,让他毫不费劲就爬上墙壁,躲在房子里的一角。他感到极度惊愕、恐惧,发出求救的呼声。但家人却完全无法听懂,只听得一阵阵嗡嗡之声,难以入耳。

一个大男人怎的忽然变成一只大甲虫?这当然是个怪异的问题。Kafka是二十世纪疏离主义的掌门大师,他描绘人的疏离与孤寂,以及如何为自我生存而互相排斥,至今仍是对人际关系的一记当头棒喝。《蜕变》曾经多次搬上舞台,好几年前在巴黎演出时,由怪诞导演Polinsky亲自扮演那个大甲虫的角色,演出了三个月,风靡了整个欧洲。

《蜕变》也是我十分喜欢的舞台剧,同一个故事,在不同的舞台,都有不同的演绎。这剧本的寓意是,有时为了生存,一个社会或群体会不惜摧毁属于它的一分子。那么可怕的一回事,却可以甚有趣味地展现在眼前。

以下介绍的是冰岛西港剧团所演出的一个版本：打开帷幕，舞台上出现一栋两层高的房子。下层是爸爸、妈妈与妹妹，三人正一起吃早餐。爸爸集中精神看报纸；妈妈忙于一些家庭琐事；妹妹则充满少女特有的气息，蹦蹦跳跳的。三人各干各的，好像互不相干，他们围绕着彼此转动，却又各人有各人的专注——也许这就是Kafka心目中的典型家庭形象。

直到爸爸突然发觉儿子的一双皮鞋，原封不动地放在门前，才引起全家一致的回响：哥哥不是上班去了吗？怎么他的皮鞋还在家里？这个奇怪的问题，打破了这家人那一成不变的作息习惯，为习以为常的古板家居生活带来一番轰动。这时，儿子的老板也来到了门外，查问那从不迟到的员工，怎么没有如常在办公室出现。

人人不得其解，满腹疑团地走上阁楼，好不容易打开房门，却每个人都立时发出一声尖叫。那一向循规蹈矩，做事毫无差错的青年人，竟然变成一只倒立在天花板，面目狰狞的大甲虫！大甲虫当然也同样被吓得尖叫起来，青年人也不明白自己怎会突然变成如此模样。他努力向家人及老板解释自己的迷惑，并哀求他们说："请等一下，我很快就会没事，很快就会照常上班。我不是从不生病吗？很快就没事的了。"但是其他人只见到一只大甲虫向他们张牙舞爪，妈妈吓得往后猛退；爸爸更是舞动棍子，把他赶回房中；老板也立刻落荒而逃；只有小妹，仍然记得给哥哥送食物，甚至愿做中间人，要求父母与兄长进行沟通——那异类毕竟是她家中的一分子，不能说除就除。

哥哥也知道自己不能老是困在房中，他十分为难地走下楼来，想与父母沟通。只是妈妈一见到儿子如此模样，立即哮喘病复发，禁不住要晕倒；爸爸见到儿子，立即就找棍子追打他。至于妹妹这个不断为他调和的角色,也不能持久——家里来了一名房客,让妹妹十分倾心,为了取悦这名男士,必须要把大甲虫的秘密收藏起来,连饭也忘了为他送去。青年人饿不可当,不断呻吟,房客开始生疑。为了让大甲虫住声,连本来最同情他的妹妹,也毒打了他一顿,直至他晕死过去,不再作声。

楼下是笑语频频,楼上是一片死寂。青年在饥寒与孤独中醒来,楼下传来妹妹为房客弹奏的琴声,他心中还只想着:"我一定要赶快复原,回到工作单位,赚钱供养家人,让妹妹可以继续学习音乐,她那么有天分,一定不能浪费!"青年人为了接近家人,拼命在地上挖洞,当他终于成功地从上层挖到下层,在天花板上现身时,楼下每一个沉醉在悠扬乐声中的男女,都被吓得晕的晕、跑的跑,房客也立即逃之夭夭,打碎了妹妹求偶的梦想。

这一次,没有一个家人可以原谅青年人,他们决定,这大甲虫必须被除去——他并非家中一分子,他完全是异类。青年人终于明白,自己再也不能被家人接纳,他哀伤地回到房中,用窗前的布帐十分艰辛地把自己勒死。除去心中大患,落幕前,我们看到舞台下半层是一个温馨家庭的景象,爸爸、妈妈与妹妹三人,陶醉在阳光遍照的欢乐中,一幅升平景象,而上半层,那仍吊在半空的青年人,在黑暗中无声消失。

这出舞台剧,我看过很多不同版本,每次都带给我不同的震撼。Kafka的作品总是那样地扑朔迷离,却又有无限创意:谁能想得出,一个好端端的青年,会变成一只大甲虫?舞台导演嘉德森自己解说:"《蜕变》是一个教人惊栗不安的故事,妙想天开而令人毛骨悚然,荒谬可笑却十分悲哀。它探讨的是人的本质、人与人之间的关系和人面对极端境况时的反应。"

他又说:"看过《蜕变》后,会令你久久不能释怀,也令你很想进一步

卡夫卡的境界

了解它的内蕴。我们听到一个声音向我们呼唤,在世界每一个角落,这个声音以不同的方式呼唤着,亘古亦然。"这是一个什么声音?它向我们呼唤着一些什么?

Kafka生于布拉格一个犹太区家庭,父亲自幼便觉得他一无是处,恣意批评,让他陷入长期的抑郁、自我憎恶及社交焦虑症中。怪不得在《蜕变》里的爸爸,一见到儿子就不由分说地拿起棍子去追打。也许在Kafka父亲的心中,儿子真的是一只大甲虫,也许正因如此,Kafka才能创造出如此荒诞却感人肺腑的杰作。

不幸的是,Kafka的写作才华也没有被父亲接纳。为了听从父命,他攻读法律,当小文员为生,一生郁郁不得志,四十多岁便病逝。在他生前,他的作品没有受到普遍欢迎,几部未完成的小说,例如《审判》和《城堡》,都只留下杂乱无章的遗稿。好在他的好友并没有依照他的遗愿,把这些稿件烧掉,后人才有机会走入这位后来被誉为"对西方文坛影响最深远的文学家"的内心境界。

在《审判》中,那种虚无缥缈——被告人不知被告何罪,审判者也不知审判何人,谁是犯人、谁是法官,人人问非所答、答非所问,让读者陷入一片迷惑:一个无可脱逃的噩梦!

《城堡》的故事内容不同,描写的却是同一心态,整个故事围绕着一个找寻城堡的青年人,却总是无法抵达。没有地址,向人问路也不知从何问起,到最后,连目的地是否城堡也不清不楚——所谓城堡,不过是一个似是而非的形象。

数年前我曾经去过布拉格,第一件事就是拜访Kafka的故居,我尤其留意房子里的每一个角落,不自觉地找寻那可能仍躲在一角的大甲虫。布拉格著名的城堡,是个旅游胜地,在城中不同地段都可遥遥张望,如此瞩目的建筑,为何在 Kafka 的世界里,却总是踏破铁鞋无觅处?

也许受了 Kafka 的影响,我也始终没有到达那座城堡,也许所有的城堡都只是个可望而不可即的幻影,向我们心底处发出呼唤。也许这就是《蜕变》舞台剧导演嘉德森提出的那一个声音。它来自盘古,唤起那居住在我们灵之深处的犹豫、恐惧、自我否定,却又同时怀着不能放弃的一种向往,一种寻寻觅觅的孤清,一种猛然回首在灯火阑珊处的冀望。

Metamorphosis,是心理分析中的一个常用字,也是了解个人内心的一个重要概念。香港艺术节上曾经把它翻译成《变形记》,但我觉得前人《蜕变》的译名,更加能够表达 Kafka 的境界。这境界好像很抽象,其实它描绘的是隐藏在每个人心底最基本的内在世界,各式各样的形象,隐隐约约,不停地泛起各种涟漪,依依稀稀,只有在梦的意识中,我们才可以真正经历个人与外在世界的冲击。

激情的燃烧力

最近发现一个道理,原来所有人的问题,都是基于我们是坏事的能手——总是坚持采用那没有用的方式来处理难题。

问题本来已经够糟了,而我们处理的方式,却总是火上加油,把本来已经够糟的情况弄得更糟。

我的同事石琳老师却说:"那是因为人类怕闷,才会无可救药地让自己没有好日子过。"

她又说:"人人都有一股自我毁灭的蛮劲,非干笨事不可。"

我不知道人类是否怕闷而折磨自己,但是人喜欢做笨事、自寻死路,却好像真的煞有其事。

试想想,古往今来多少文学作品,以至舞台艺术,凡是涉及与人有关的,总是充满纠缠,一重又一重的矛盾曲折离奇,才制造出千愁万恨。我们跟着哭、跟着笑,甚至感受那哭笑不得的心态,却感到十分痛快。如果剧中人一帆风顺,人人都做该做的事,那将是最闷人的剧本,相信吸引不到多少观众。

因此,人是注定要做傻事的,像一幕又一幕的希腊悲剧,无论怎样设法摆脱,却眼睁睁地看着自己走向命运的安排,避无可避,甚至会刻意地追求那噩运,像灯蛾被火毁灭前所飞扑的那一股激情。

从这角度看人的行为,也许我们对很多看似无可理喻的问题,就会有多一份谅解。

最近遇到一位失婚的女士,丈夫已经离去七年,可是她的悲哀有增无减,不断地把自己推入抑郁的谷底。她知道女儿为了守护她,变得乖戾,甚至拒绝上学。

她说,有时在药品作用的朦胧中张开眼睛,看到的就是十岁女儿那忧虑而又生气的面孔,紧紧地向她逼视。

她又说:"我完全知道自己要振作起来,就是办不到!"

过去的不幸为什么对人有如此禁锢的威力?心理分析有很多不同的解说,最常用的解释是人的"自我"(ego)太弱,无法平衡"本我"(id)及"超我"(superego)上下夹攻的冲击,又或许是依附(attachment)的过程出了问题,不能脱离心中所属,不能接受被抛弃的事实。

但是,人是适应力强的动物,无论来世今生对我们的心态有多大影响,理应收拾心情,好好面对此时此刻。为什么会让自己沉迷在一段无法挽救的悲情中呢?我想,那悲情必然有它的吸引力,才会让人留连忘返。

我曾经问那女士:"有时,沉醉在悲伤中是否也是一种享受?"

她竟毫不犹豫地答:"是的!"

怪不得那么难以抛弃!

其实无论是悲哀、愤怒、孤独或苦痛,都会日久成伴,让人不能放下,甚至会给人一种安全感,一种踏实的感觉。

我见过很多失婚的男女,明知道婚姻毁灭了,就是放不下那股悲,或是那股恨,好像愈受情绪的煎熬,无形中就愈会抓住那段情怀。

这种情怀其实不只用在男女的关系上,父母子女之情亦如此。

记得有位母亲来见我,说是与女儿无法和平相处。但是她的女儿已经出国念大学去了,我不明白她究竟担心的是什么?

她说:"女儿虽然不在家,但是暑假就会回来,母女二人聚首不到几日,就会吵得天翻地覆,让那不善言谈的父亲夹在中间毫无办法。"

后来才知道,这母亲小时寄人篱下,总是压制着自己的感觉。一次,亲属家中的孩子玩火,把在旁观看的她烧成重伤,不但没有人安慰她,还被人奚落,说她活该。她说:"身上的灼伤复原了,可是心里的伤痕却复原不了,总是带着一股被燃烧的感觉。"

长大后,偏偏嫁给一个毫无激情的男人,让她满腔情怀无从发作。而有趣的是,大女儿就不知不觉地成了她的对手,两人一碰面就擦出惊天动地的火花。

这母亲也承认,其实很享受与女儿的争吵,那才让她感到真正地活着。谈起她们争吵时的细节,母亲眉飞色舞,十分投入。

我们称她为火凤凰,在火中燃烧,愈燃愈旺盛。

其实,很多所谓不良习惯,或者不被接受的行为,都会像抽大麻一样,虽然明知遗祸百世,但却同时让人欲仙欲死,欲罢不能。

我有一个患了六年暴食症的病人,每天花三个小时又吃又吐,这在她家中是个公开的秘密,父母心知肚明,却绝不提出口,只称那是"她那事儿"。

父母还妙想天开,想为她找个男朋友,他们认为,只要把她嫁出去,问题就会解决。

我却对少女说:"你父母为你找男友是白费苦心,你其实早就已经有了男友,这每天来霸占你三个小时的男士,我们该怎么称呼他?"

她笑说:"就叫它'吃吐先生'吧!"

我说:"对!这位'吃吐先生'真麻烦,每天花上你三个小时,太吃力了!这样的男友,你真想要吗?"

妙的是,不想要之余,那少女同时承认,个中也有其快感,暴吃时那种不顾一切,以及抠喉呕吐的排山倒海,对于这生命空虚的少女,倒真有一种提醒自己仍然存在的意义。这个道理,与许多青年人割腕,或其他自我摧残的行为,都是同出一辙。

我在这里提出的例子都是女性为主,其实这种被激情燃烧的需求,男性一样拥有,只是表达方式不一样而已。

我做过一个病态赌徒的工作项目,发觉在赌博中的男士(或女士),那种在自我毁灭中所经历的高潮,无论在赌桌上,或是在马场中,都是同样的兴奋,同样用生命做燃料。

如此类推,也许酗酒、滥用药物,甚至婚外情,都具有飞蛾扑火的诱惑,及那种春蚕到死、蜡炬成灰的缠绵悱恻。

也许人真的是怕闷,有时非要进行一些自我破坏的行为不可。也许我们真的需要一点激情来提醒,不然我们会忘掉自己仍然活着。

石琳是我们家庭研究院的访问老师,家庭治疗师聚在一起,自然天马行空,探讨人际关系的奥妙。与她交谈,让我不得不重新审视一些自己心中的困惑。

家庭治疗的目的是要为人疗伤,为家庭带来改变。但是什么是改变,如何改变,却是个有趣的问题。有时你愈要人改,人愈不能改;有时明知难改,却又在不知不觉中作出改变。

欲速不达,加上人是如此矛盾的动物,一方面希望活得好,另一方面又会莫名其妙地把自己的苦心经营搞砸。怪不得认知行为派的学者总是不停地提醒我们，千万别让内心的感觉冲昏了头脑——人的思考才是让我们不走冤枉路的最好指引。

问题是，如果人人都可以明智地思考，世界就不会再有问题，偏偏是太多性情中人，免不了被自己的感觉捉弄，让人情不自禁。

正因如此，我愈来愈不要求别人改变，相反地，我往往对人说："也许不一定要变，不变有不变的理由。"

对那拥抱着悲哀不放手的人，我会说："你已经失去太多，如果唯一抓得住的就是那一股抑郁，起码你不是一无所有。"

对那每天起床就吵闹不休的老爸老妈，我会说："大声争吵比冷战好，可以扩展脾肺、运气行血，别让心脏过于兴奋就成了。"

对于那个因为思念去世的爸爸而不停尖叫的女孩，我为她剪下挪威画家 Edvard Munch 的名画《呐喊》(*The Scream*)。画中人那一声尖叫，如雷贯耳，让整个天地都为之震动，真是惊天动地的一声叫喊。

也许在这宇宙间，真有这么响亮的一声，总集了人类所有的哀伤、愤怒、投诉、不甘心、不能接受，让那天愁地惨、鬼怒神哭的一声大叫把我们吸纳，让我们不由自主地感同身受。

那么，我们的拯救，并非出自要改换自己，或从感情中抽身。

相反地，我们在共同的不幸中，找到回响。那一股由心而发的同情同理，才真有惊天动地的威力。因为它会让所有不幸的人都知道，人并不是孤单的！那么我们那疲倦的心灵，才能找到它需要的依靠与安宁。

一堆旧肥皂

人在纽约，脚步就自然地走入现代艺术馆(MOMA)。

走入陈列室大堂，迎面而来的是一阵熟悉又奇异的惊讶：几个破面盆堆砌在一起，有的写上双喜，或其他中文字，大都破烂不堪，甚至要用透明胶纸粘住。心想，这好像是"文革"早期的日用品，怎么都走到这世界先锋的艺术馆来？

放眼一望，原来还有一堆又一堆其他杂物：破瓶子、破鞋子、旧报纸、旧日历……应有尽有，并且堆放得甚有条理地塞满整个大堂。从馆内每一层楼的露台，都可以看到这一摊旧物，以万分反传统的姿态，却又十分传统地展现在眼前。

原来这展览名为：物尽其用(Waste Not)，是中国艺术家宋冬的创意。展出物品全归他母亲赵湘源所有。

据称宋冬的母亲与大多数旧中国女性一般，总是舍不得把旧东西丢掉。宋冬的父亲去世后，她更是变本加厉，不论什么陈年旧物，都视为如珠如宝，连一条破绳子也卷得一丝不苟，寄望于将来仍有发挥用途的一天。

当然，这种"储物狂"的心态，与现代这寸金寸土的大都市文化难免产生矛盾。宋冬在这方面与母亲不断发生磨擦。

只是宋冬无论怎样坚持,母亲都置之不理。这堆旧物成为她的命根子、她的灵魂、她生存的全部意义,丢了任何一项,都会造成她的抑郁症。儿女的拒绝,只会让她更加不快乐,更加自我收藏。

最后,宋冬终于领悟,既然说不过母亲,不如就把她这情结,推崇到艺术的境界。

"物尽其用"最先在北京展出。据说全部摆设都是由老太太一手包办,儿子只是当她助手。母亲的沉迷,骤然成为母子间的一种默契,我想,这宋冬一定同时是位出色的家庭治疗师,如此创意地为一个僵局找到生机。

由北京走到纽约,这个属于二十世纪四十年代的情怀,带领我们又一次地走入另一历史时空。

在一大摊子的旧物中,我尤其注意到好几堆叠得整齐的旧肥皂,其中有已经用到快消失的,也有簇新尚未沾水的。在不远的墙壁上,写了赵湘源一段简短的介绍,题目是:"肥皂与洗衣服"。

原来,在那物资短缺的年代,缺少肥皂,是个令人甚为头痛的问题。尤其家族中很多亲属都被送下乡劳改,留下大群孩子需要照顾,当然也大大地增加了需要涤洗的衣服。

赵湘源一人当家,费尽思量,才让每一块肥皂发挥出最大用途。

她又说,当时肥皂只有两个品牌,一是上海出产的固本牌,一是北京出产的长城牌。固本牌较长城牌质优,为了让下一代不必再为张罗肥皂而发愁,她把分配到的固本牌都珍藏起来,只舍得用长城牌。怪不得留下这一堆原封不动的上海肥皂,有些比宋冬年龄更长。

有趣的是,现代人都用洗衣机,这一堆代表上一代情意的老肥皂,只好静静地展现在艺术馆内,成为一个时代的见证。

但是即使不是每个人都能体会那个时代的心态,那种对物件"当知来之不易"的价值感,其实一早就已经潜移默化地走入我们的意识,以不同姿态出现。

我想,在我们的母亲,甚至同辈当中,都可以找到赵湘源的不同版本。即使我们生长于物质丰富的一代,每每把旧物丢弃时,都会听到一个声音在心底冒出,问我们是否有点可惜,有没有留待后用的可能?

可见我们的祖先在物质贫乏年代中所经历的冲击,已经牢牢地遗传到我们的潜意识中,提醒我们不能浪费。

其实每个人的一生中,都与自己所拥有的东西,结下不解之缘。人是活在关系中的动物,更是活在物质中的动物,连无家可归的流浪人,都必然会拥有一袋袋的衣物。

我在美术馆门前,就碰到这样一位老妇,她明显地是一名露宿者,但是手上仍提着几只沉重的大袋子,配合着她沉重的脚步。当时她正在其中一只大袋里拼命找寻,神情十分懊恼,说是丢了什么东西。找了好久,后来好像找到了,才满意地收拾行装,继续上路。

原来物质的拥有会给我们带来如此满足,甚至安全感,怪不得宋冬的母亲在失去丈夫后,更是不肯把旧东西丢掉。在她的展览中,有一个旧日历,是每日撕掉一张的那一种,它最后展露的日期是二〇〇二年十月十八日,而丈夫去世的日期是二〇〇二年八月十一日,时间相差两个月又七日。为什么日历停在那一天?让我们对女主角一生的经历充满好奇。而赵湘源本人也在北京展览完成不久便去世,她也许并不知道自己的一生珍藏,正在远渡重洋,成为现代艺术,在不同的时空、不同的文化中仍然发人深省地吸引着地球村的每一位过客。

我年轻时也喜欢收集各类东西,尤其移民美、加的岁月,最喜欢收集古董家具。住在一间百年老屋，连灰尘都是一百岁老的。也许在那无根的日子里，不知不觉地便刻意抓着一点历史的痕迹。

回国后，把旧东西都送走了，一切从简，反而爱上奇形怪状的前卫设计，椅子非椅子，桌子非桌子，世事无常，一切都不能过于肯定，随缘随分，似水如云，那又是另一种心态。

这并不等于自己看破红尘，只是百务缠身，多一事不如少一事，有个简约的空间，至少可以减少外来的压迫感，而且万一突然暴毙，起码不会给别人留下太多收拾残局的麻烦。但是物件是会自己走路的，无论你怎么俭省，它们都会自己积聚起来，身无长物，只是一种自欺欺人的幻觉而已。谁人身后不是一堆负担？

反不如这位赵老太太，如此执著地把一辈子所碰过的每一物件，都像宝贝般地储藏起来，等候着再有用得着的一天。而那一天，就是这样轰轰烈烈地让它们出头，成为MOMA的陈列艺术。

看完这次展览后，我第一件事就是告知几位老是埋怨老婆疯狂购物而弄得家中水泄不通的男士，千万要改变观念。"购物狂"与"储物狂"虽然并非同一回事，但是起码让我们知道，有时人在空虚的感觉中，实在需要利用物质来填补，除非你愿意用自己的热情，去点燃那寂寞的心，否则就只好靠设计家的百般心思，制造出各种物品来引起女士们的激情。

要不然就向宋冬看齐，把母亲那储物的癖好，变成母子间一道联系的桥梁，甚至推崇到一种艺术的展机。我想，这个经验必定让他终生难忘。

其实爱储物的并非全属女性。我见过一个男人，在垃圾堆中不停搜索，把别人的废物都搬回家中，他的睡床四周堆上一叠又一叠旧报纸，围得像个城堡。妻子无法忍受，天天找他理论。男人的反应，就是在四周多加一叠报纸。

也许物件本身同时是一种关系的表征，在个人心态和人际关系中扮演着重要而又微妙的角色。

因此，千万别小看任何废物，一块肥皂可以代表一个时代、一段历史、一份母亲的心意。一束破鞋带、一只烂铁罐、半条旧布，都各自有它的故事、它的喻意，甚至是一种抗议、一种要求注意。如果我们学会以簇新的眼光去看旧事物，也许这些破物也会协助我们改善一些人际关系。

不知老之将至

说话是一种多层次的传递，除了表达内容，它还可以启动一种讯息。因比，有一些话，让人如沐春风，也有一些话，让你愈听愈烦、让你累、让你舍命而逃。

我很喜欢与小毓谈话，她的话总是搔到痒处，像一种无形的兴奋剂，让你乐在其中，却又不明所以。

但是我们谈话的机会不多，小毓住在纽约的郊区，进城要一个小时的车程。我每年才回纽约一次，公务缠身，找老朋友交谈，并不是首选。但是，无论怎样忙，我都必定找机会，起码与她"煲"一次"电话粥"。

今年也不例外，电话接通了，由我开始：

"小毓！你好吗？你老公好吗？"

"我很好，老公却不太乐观，你知道他消沉很久，人人都以为是患上抑郁症，现在才知道，那不是心理病，而是一种罕有的血癌，叫作……。"

小毓念出一串医学名词，真亏她背得出来。

我说："人生病了，往往变成那种病的专家。"

她说："不是病人，是病人的老婆变成专家。"

我们哈哈大笑。

我心又想,血癌岂不是比抑郁症更糟?

小毓却好像看透我的心意,说:"知道是怎么一回事,总比蒙在鼓里好,起码可以安心应付。"她又说,"年龄大了,就要面对亲人的离去。环顾四周,这一阵子走了很多亲人,母亲去世才四个月,父亲也随着走。你知道我姐夫在半年前也离开了。"

我说:"我知道,是你弟弟给我发来电邮。他还问我记不记得他。说真的,我也弄不清他是大弟还是小弟,你不是有两个弟弟吗?"

"是小弟,大弟很早就被人谋财害命!"

我吓了一跳:"嘀!发生了什么事?大弟不是你妈的心肝宝贝吗?她怎么受得了?"

"我们也不清楚是怎么一回事,只知道与钱财有关。妈妈当然受不了,但是人生无可奈何的事岂止一宗。我自小就知道母亲与父亲不和,后来爸爸与另一个女人同居,母亲更是无法接受,我们都很生气,站在母亲的一边,觉得父亲太薄情。可是在她去世前,父亲到疗养院去看她,临别时,两人都很平静地向对方说声珍重,好像两人都知道这将是永别,而他们之间的恩恩怨怨,也在此画上一个句号。后来,我们把母亲的死讯告诉父亲,他更是默然无语。当时那女人叫我们不要说,但是我为什么要瞒他?只是,过不了几个月,他也随着走了。"

她又说:"本来为母亲抱不平,对父亲的女伴十分抗拒。但是看到父母亲最后的道别,又好像觉得一切都不重要了。再说父亲一生漂泊,在晚年找到红颜知己,也未尝不是好事。"

小毓是我的儿时好友,我小时常在她家流连。记得她父亲最喜欢教我们书法,因为与傅雷是同窗,也是由他介绍我们看傅雷翻译的《约翰·克里斯朵夫》。当时只感到大人的世界多高深莫测,从来没有在意为什么他总不常在家。

然而无论怎样不加理会,上一代的家庭关系,却是那样不知不觉中潜移默化地进入孩子的意识中,左右着我们的心态发展。

与小毓谈话,总是离不开父母的对与错,以及同胞间的各种情怀。人人都是自己家庭的产品,只是这产品并非只有一个模式,在我们那个多子女的家庭年代,一家八个孩子是常事,放眼看去好像各有千秋。仔细看来,就会发觉每个人的家庭背后都有一张无形的网,或松或紧地把每个成员系在一起,任你走得多远,都离不开那千丝万缕。

我看着小毓由跳跳蹦蹦的小孩,进入多彩的少女时代,进而成家生子。又看着她走入人生的下半阶段,做了外婆,退了休。数十年转眼即逝,反映的也同时是我自己的年华,怪不得说人与人之间只有六度空间理论(Six degrees of separation),在地球村内,每个人都可以以不同的度数连接起来。

而面对丈夫的病疾,小毓所面临的危机,也是所有夫妇都终要面临的危机:无论有多少恩爱或怨恨,终有一天,会有一方先行离去。

小毓说:"我知道那是必经之路,与其坐以待毙,不如先做好心理准备。"

因此,她在照顾丈夫之余,同时开始学习独立生活。

她说:"我找了一个私人教练,每周做三次身体锻炼,不但瘦了十多磅,而且精神比以前好多了。最近发觉竟然穿得下多年前的小码衣服,那感觉多好!"

很多人在丈夫重病的压力下,都会愁眉苦脸,对未来的渺茫充满恐惧,小毓却永远是那样地开朗,永远充满生命力。

我问:"那你的丈夫适应得好吗?"

她答:"他倒是随遇而安,由得我去张罗,有时见我太多打算,会幽默地说:噢,我还活着,别太快把我埋葬了。"

上一代正与病魔搏斗,下一代却忙着制造小生命。小毓远在加州的女儿正准备产下第二个小孩。

女儿是新时代的健康一族,做瑜伽、吃素,一切顺从自然。产子也要在家中,不是躺在床上,而是站起来进行。

小毓说:"我们做父母的,理应在场照应,机票都订好了。但我一直担心老公正处于敏感心态,到时女儿生产必然呼天抢地,同一屋檐下,我都不知道要先照顾哪一个。好在上机前,接到电话,原来孩子提早出世,一切顺利,我才放下心头重担,兴高采烈地抱孙去了。"

由上一代谈到下一代,大半个世纪都在一番话中溜过。

也许你开始明白,我为什么那么喜欢听小毓谈话。她的话都是闲话家常,没有教条,没有修饰,没有指桑骂槐的隐讳,一切都是那样理所当然,拥抱过去、迎接未来、随缘随分。她自小就是个性爽朗的小女孩,年长后仍是保持着一颗赤子之心。对生命的热忱,每次都感染着我,让我不由自主地也对生命增加一份投入。

想起最近在伦敦看到的一出舞台剧,内容是一位小提琴家因为患了肌肉萎缩症,从事业高峰摔下来,再也找不到做人的意义,只想自杀。

她的心理医生,一次又一次地为她打气,给她提出一个又一个生存的理由,都说服不了她。最后,他(心理医生)终于明白这项治疗为什么失败,因为,活着本身就是最大的意义,并不需要别的大道理,更不必要有惊天动地的大目的,才算活得精彩。

科学家告诉我们,地球已经有四十六亿年了,还有五十亿年就会毁灭。如此算来,时间并非无涯,只是比起人生的数十年,在那宇宙的时空,生命是那般短暂。我们能够捕捉的,只是活着的一分一秒:因为这一分一秒,也是点滴即逝,时间就是改变!

小毓却说:"生活中每天发生那么多大事小事,有时真的是不知老之将至!"

我却想,除非你一天到晚在照镜子,谁会老是念着老之将至?每个老去的躯壳,都仍然带着青春的情怀,只是身体不听话罢了。

有时,与故人的一顿天马行空,也是对生命的一种捕捉,一番思索。知道彼此都活着就已经很好,让我放下了电话,心中仍留存着一丝甜甜的满足。

家庭舞台上的老舞者

没有比这一次接到老师的电话更让我来得高兴。电话筒传来他兴奋的声音:是维榕吗?我又活过来了!前一阵子以为必死无疑,现在又找到气力了。要写的东西起了稿没有?快寄来给我看看。

我的老师 Minuchin,快九十岁了。多年以来,总是觉得死亡在我们与他的关系中徘徊。在我们合写《家庭与伴侣评估》那部书时,有一阵子他就感到十分低潮,他给我和 Nichols 写信说:从一个健康的老人,一下子变成残弱老人,实在十分不习惯。

我和 Nichols 两人都感到十分难过,却找不出话来安慰他,只有默默地在远处等他复原。

去年他又在看戏时摔了一跤,把已经做过手术的髋骨摔碎,几乎没了命。但是刚出院,他又赶来与我们一起主持每年在纽约主办的暑期课程。

讲课时不觉得累,但是一天下来,身体都支撑不了,他却说:"今天的课讲得十分平庸,辜负了这些远来的学者。"

晚上我们都联欢去了,他却独自留在中心,重新组织第二天的教材。好在第二天,每个人都说那是 Minuchin 讲学最精彩的一次,他才放心。

只是经过一番折腾，课程完结时，他便累得一塌糊涂，还开玩笑地说："我们家庭治疗师不知道，双腿是连接着人的灵魂的，双腿有问题，灵魂也会失魂落魄。"

他实在是行一步痛一步。后来听说同事 Emma 那近百岁的妈妈，做了髋骨手术后，第二天便可以下床跳探戈。

Minuchin 说："我也要跳探戈。"

手术后，他虽然没有跳舞，却马不停蹄地在南美及北欧主持了好几个工作坊。今年夏天我们在纽约见面时，他正好刚从挪威游学回来，还在伦敦一口气看了四部舞台剧。

他还是那样地兴高采烈。但是老师真的老了，行动明显地慢了下来。他很喜欢拿自己的死来开玩笑。每当有人提起群众对他工作坊反应热烈时，他总是说："那是因为他们怀疑我是否真的依然活着，以为我早做古人去了。"

其实远在他写作 Family Healing 时，Minuchin 就说："活到我这把年纪，就会觉得死亡总在附近窥视着你。"

这一阵子，很多家庭治疗的宗师学者，纷纷逝世，包括 Michael White、Jay Haley、Insoo Kim Berg、Paul Watzlawick、Lyman Wynne 等人，Minuchin 几乎是唯一生存的祖师爷一辈。一次又一次在丧礼上为老朋友致悼词，怪不得他晚期总是为家庭治疗的历史作见证。对整个行业的兴趣，比他自己见称的结构派家庭治疗来得大。

他常说："其实并没有结构派这一回事，我自己也不是纯结构派的。"

什么是结构派？是个有趣的问题。从理论而言，它指的其实是家庭结构；一个家庭的形式，以及每个家庭成员所扮演的角色和互动。父父、子子、君君、臣臣，如果人人都守着本位，就会天下太平。偏偏家庭关系往往是阴差阳错，应该站在同一阵线的夫妇，往往因为各种矛盾，造成各守一方，让儿女越线而上。很多青年人及儿童问题，都是基于这种家庭位置大转移，令父母无法有效地教导子女。

Minuchin 早年是从事青少年工作起家，因此家庭结构是他的心得。

从实践而言，这套疗法一般会强化父母的位置，让那不知不觉被坐大了的孩子返回孩子的位置。

这理念很简单，做法也很能奏效，进行起来可不太容易。因为大部分父母都以为孩子问题出在孩子本人，没法与夫妻关系连接起来。Minuchin 的专长，就是好像在不经意的会谈中，把一家人的结构圈点出来，让家人对自己错综的关系，有清楚的了解，重组家庭的功能。

但是，我与他分享自己的个案，每有典型的结构派手法时，他总是毫不起劲地说："太没有新意了。我也懂得这样做！"

他就是不喜欢重复。像个万花筒，几种颜色，却有千变万化的图案。

这次我到伦敦讲学，伦敦的很多同事，大都曾经跟随 Minuchin 学习，佼佼者如 Eia Asen、Gill Gorell Barnes、Alan Cooklin，都来参加我的示范。英国的治疗界喜欢互相切磋，不像美国，人人都想自立门户；因此，没有太多理论性的发展，却在临床实践的工作上，对每种问题有更专门的研究与探讨。加上英国人继承了深厚的心理分析传统，以及能言善辩的语言表达，没有人会有耐性让你演独角戏。因此，在伦敦主持工作坊，对我自己是很大的冲击，舌剑唇枪，却又在过程中，每个人都感到十分投入，那是一种十分敬业的精神，下课后大伙儿又天南地北，在酒吧内交流坊间的八卦新闻。

回纽约后，Minuchin 问我："他们怎样评价你的治疗示范？"

我答："他们说我的处理风格比你性感（more sexy）！"

他立刻哇哇抗议:"那是不对的,我也性感(I am sexy too.),不过是属于男性的性感罢了。"

并非我想青出于蓝,只是我不会错过逗他一下的机会,即使这是我敬重的老师。

其实,我带到伦敦的治疗资料,有一部分是关于孩子对父母矛盾的反应,过程中不但记录了孩子在父母不和时所产生的生理反应,同时夸大了孩子的声音,让他们对父母的言谈举止作出反应。

这做法,与前面所提结构派的基本理论是有出入的,前者是要加强父母的权威,不让孩子出位;后者却是利用孩子的观察力,让他们成为父母的专家。对 Minuchin 当然有一点挑战性。

我正担心他的反应,谁知他反而很仔细地把所有录影资料看完又看。

第二天,他还把他那研究儿童发展心理的妻子找来,对我说:"你这些资料很有创意,让我们看看怎样写成文献,这是对结构派的一种延续发展。"

说做就做,我回到香港,他仍不停地催我快起草稿。

接着他有一阵子没有消息,联络上时,远方传来的声音是那般微弱。他说:"我的糖尿病发作,让我全无气力,真的要面对人是并非长生不死的。"

我叫着抗议:"是长生不死!是长生不死的!"

跟着来的数周,每次电话响起,我都预料会有不愿听到的讯息。

因此,听到他报平安的来电,可以想象我心中有多兴奋。

他告诉我正在准备在世界心理治疗进展大会的主讲,叫我把我那一组研究儿童的资料寄给他。那四年一度的"华山论剑"大会,把各派开山祖师都汇合起来,参加研讨者多达六七千人。

他说:"我打算这样开头:我是一个经历了整个家族治疗发展史的老人,已经度过了我的创作时期,我现在的使命,不是创新,而是整理,以及扶持下一代的创意。"

他问我:"我可以介绍你那一组资料的录影吗?里面有些片段做得很美!我真为你高兴。"

老师的肯定,对我们下一代的治疗师当然十分重要。但是心花怒放之余,我同时感到十分伤感,老师真的老了吗?

那曾在家庭治疗的舞台上脱俗超凡的魔术师,真的再也不能在帽子中变出白兔来了吗?

多年来看看他在垂老中挣扎,让我想起有一次看现代舞蹈大师 Merce Cunningham 的表演,当时 Cunningham 已经八十多岁,患有严重的关节炎,那次,他与苏联著名芭蕾舞家 Mikhail Baryshnikov 表演双人舞,一个是轻盈流畅,一个是寸步难行。但是,那沉重的一举手一投足,却更具有千钧万马的威力,牢牢地吸引着我们的专注,让我们永久地凝结在那一刻中。

突然察觉,当老师说他已经过了创意时段,原来是故意说错了:在一些人的人生舞台上,每一步都是创意。

做个开心快乐人

在大学门前碰到净因师,他第一句就问:"你什么时候请我吃饭?"

对着这位平易近人的佛学大师,我不加思考便答:"好呀!天凉了,我请你吃蛇羹去!"

他笑说:"喂,你忘了我是和尚,还是请我吃素吧!"

我与净因师其实并不是很熟,他是大学佛学研究中心的教授,有一阵我们曾经讨论过佛学思想与家庭治疗有无共同之处。结论是佛学无所不及,包罗众生,家庭治疗其实是一种系统思维,包括着人际关系的各种层次,两者必有共通之处。但是我们始终没有找到一处入口,可以发展一项跨部门的研究。倒是在探讨之余,有个经历让我一直没有忘记。

那次,净因师到家庭研究院来看我作治疗示范。当时我正在督导另一治疗师做个案,这治疗师同时是家庭医师,他带来一个病人的家庭,并且解释自己的工作:不单治疗病人的身体,也要治疗病人的心魔。

在讨论个案的时候,我们发觉,那病人住在城东,而那医师住在城西。病人带着家人横跨港岛去看病。难道城东没有医师吗?这医师有何特别之处,让这一家人大老远地跑去找他?

治病只需十分钟,治心则费时耗事,在这急功近利的时代,取难舍易的人毕竟不多。我问那一直静观不语的净因师："这算不算是一种佛说的慈悲！"

他简单地用英文答我："Not yet！"

我们又继续讨论个案，治疗师形容在家庭疗程中遇到很多阻碍，即使他努力地推进家庭关系，病人往往宁信瓶子里那一粒粒的药物，而不肯面对家庭矛盾所蕴酿着的根由。可喜的是，在治疗师耐心的关注与支持下，病人终于有突破，开始面对婚姻失败的悲痛。

我又问净因师："这可算是佛说的慈悲？"

他又用英文答我："Close！"

我们又继续讨论下去，我也记不清后来说到哪里，也许说到哪里并不重要，只记得第三次我又问净因师："这可算是佛说的慈悲？"

这次他答我："Almost！"

我们讨论了三个小时的话，净因师只用了短短的几个单词作答。有趣的是，由 not yet 到 close 到 almost，他给我们提供的是一条循序渐进的路向，一种语言的动力。

后来我领悟，我们这次交往其实是一个填充游戏，初时我以为是自己找他答话，其实是他给我提供了三个大空间，让我们用个案的内容和细节，把这些空隙填充起来，完成一项旅程。

不知是否受了那次交流的影响，我后来在教学方面，对治疗对话的"留白"和方向感，不知不觉地就投下极大关注。治疗的谈话本身也是一项互相带动的旅程，让当事人反映内心及人际关系的经历，从而获得新领会。要达到效力，话与话之间，必须留有很多空白。如果每个空间都填得满满的，就没有新的体会或新的可能性。

留白在中国艺术是一种意境，一种无声胜有声。在西洋意念却是一种期待,像一个空舞台,一个尚未加上色彩的画架,向我们的想象力及创意招手。

不久前在上海教学时,也提到留白这个概念,当时在场的同学都对这个议题反应热烈。记得其中一位同学,还特别写下详细笔录。有趣的是这么喜爱留白的一个人,却同时是个一举一动把整个空间都霸占的人,她坐在最前排,事无大小,与她有关或无关的,都指挥自如,让我眼花缭乱。

我忍不住问她,你这般欣赏留白,怎么把连属于我的思考空间也占据了?

这一问,很自然地就勾起我们近代人在自己文化熏陶与生活支配之间的挣扎,甚至迷失。也许我们太习惯了没有空间的生活,即使在有空间的时候,也很自然地用自己的行动把所有空白填满了。

回想起来,好像很多生活上碰到的事项,都可以与净因师那次交流的经历拉得上关系。当然,我也明白,"如果你在旅途中遇到菩萨就要把他杀掉"的道理,因为你愈以为得到就愈不能找到。

因此我一直没有刻意去找净因师,这次无意碰上他,倒让我十分兴奋,因为我发觉,原来我一直没有丢下他。

慈悲为何物?是悲天悯人吗?是悬壶济世吗?是施舍?是感恩?是同理心?是大爱?

我相信这答案一辈子也不一定弄得清楚,只是我相信,慈悲必然是一种快乐,一种似水如云的淡薄,一种对己对人的包容。

刚巧在电视节目中看到一部日本电影,片中的母亲大半生蹉跎,但是她死后留给儿子的一封信中却说:我虽然婚姻不幸,但是有你这样的儿子,我就觉得很幸福,谢谢你对我的照顾,我死而无憾了。

人生可以有很多憾事,但是死而无憾,就是一种恩慈。

在工作上看过太多不幸的家庭,如果说这些家人不够关心彼此,不如说他们对彼此存有太多不能满足的期待、太多的失望,以及长期失望而产生的苦涩,这些东西塞满了他们的胸襟,造成怨气冲天。

简单来说,这些没有胸襟的家庭都缺乏慈悲,而缺乏慈悲的家庭,会产生恶果。

不知有多少次,我真希望有人可以抱抱这些不幸的妻子或母亲,用手抚平她们心中的愤怒,让她们可以放心地把倦累的身体靠在一个坚强的肩膀上。而偏偏那个可以让她小鸟依人的伴侣,却毫无表示地站在一旁。

也不知有多少次,我多渴望有人能融化那情绪好像凝结在某一时空的男人或父亲,让他们可以接触到埋在心底的痛楚。而那一直想丈夫亲近的妻子,却偏偏是表露出一脸鄙夷之色。

你说你公道,我说我公道。

也许他们的公道都是对的,只是没有人找到快乐。

快乐是需要超脱自我的,一个人的思想愈是慈悲为怀,就愈能快乐。

相反地,一个人如果斤斤计较,老是觉得不甘心、不痛快,就会满脑子塞满一堆蚯蚓蠢蠢欲动。

有位失散多年的老朋友告诉我,他的妻子在他远行时,因为生产流血不止而病逝。他说,当时只有一个意念,就是要把那失职的医师告官告到底。结果花了十年时间,让心中的悲痛与怒火一起焚烧,什么事都干不下,放下儿女也不能照顾。直到一天,有个相士对他说,放人一马,海阔天空!他才突然如梦方醒。

退一步海阔天空,其实也是为自己腾出新空间,这道理很简单,但要真正听得明白,却需时十年,甚至更长久。

家庭治疗大师 Carl Whitaker 的治疗理论，最接近佛家思想，他认为，人的问题就是事事讲理，不明白有理说不清的道理。曾经有个女病人挑战他说："依你说不就什么事都无法解决？什么事都不清不楚的，多么别扭！"

Whitaker 答："就是这样，不需事事解决，就让它不清不楚，你愈能由得它去，就愈快心安理得。"

问题是，我们治疗师有时也会把自己的执著套到求助者的身上，应该怎样做夫妻，应该怎样做父母，各种各项的应该，往往给已经够困苦的人带来更多无法达到的准则。

我最近在辅导一对纠缠不清的母女时，也禁不住催促那十分严峻的母亲学习向女儿说好话，但是她无论怎样尝试，都是怒气有余，温柔不足，她的女儿也愈听愈生怨气，情况惨不忍睹。

好在我悬崖勒马，赶快对她们说：不要紧，其实母女谈话也没有一定的公式，做母亲的也不一定要轻声细语的！

那母亲如释重负，说："我是死性不改，到这把年纪如果转变性情，会死人的！"

她那已经成长的女儿也要学习，母亲不必要十全十美，女儿也不一定要用尽心机改变母亲的。

我想，这也是一种退一步海阔天空的道理：没有留白，就加不入新的东西，更难达到慈悲为怀，只是凡事可遇而不可及，怪不得老和尚无论面对多难搞的场面都说："喝茶去！"